팀 켈러는 누구인가?

팀 켈러, 그는 누구이며 어떻게 사역했는가?

세움북스 는 기독교 가치관으로 교회와 성도를 건강하게 세우는 바른 책을 만들어 갑니다.

팀 켈러는 누구인가?

팀 켈러, 그는 누구이며 어떻게 사역했는가?

초판 1쇄 인쇄 2023년 5월 15일
초판 1쇄 발행 2023년 5월 20일

지은이 | 안성용
펴낸이 | 강인구

펴낸곳 | 세움북스
등 록 | 제2014-000144호
주 소 | 서울시 종로구 대학로 19 한국기독교회관 1010호
전 화 | 02-3144-3500
이메일 | cdgn@daum.net

디자인 | 참디자인

ISBN 979-11-91715-78-1 (03230)

팀 켈러는
누구인가?

팀 켈러, 그는 누구이며
어떻게 사역했는가?

안성용 지음

세움북스

목차

추천사

안성용 박사는 내가 담임으로 목회하던 리디머장로교회에서 어떻게 복음과 사회 참여가 통합되었는지 훌륭하게 분석하고 정리했다. 안 박사의 논문은 간결하고, 정확하며, 탁월하다.

팀 켈러 (Timothy Keller) • 리디머장로교회 명예 목사

Dr. Sungyong An has written a fine analysis and summary of how evangelism and social concern were integrated in the ministry of Redeemer Presbyterian church while I was Senior Pastor. It is concise, accurate, and illuminating. I recommend it.

Timothy Keller, Pastor Emeritus,
Redeemer Presbyterian Church of New York City

안성용 박사의 논문 "팀 켈러 사역에 나타난 전도와 사회 참여의 통합"에는 탁월한 연구와 설득력 있는 주장이 들어 있다. 전도와 사회 참여의 관계는 초기 기독교부터 지금까지 연구 되고 있는 주제이다. 안 박사는 팀 켈러의 신념과 실행을 설명하고 분석했으며, 그의 이 연구는 전도와 사회 참여의 관계에 대한 논쟁을 이해하는 데 큰 도움이 된다. 교회는 앞으로도 이 주제에 대해서 계속 토의할 것이다. 안 박사의 논문은 이러한 토의에 좋은 안내서이다.

팀 부커 (Timothy Beougher) • 남침례신학교 전도학 교수

Dr. Sungyong An's work, "The Integration of Evangelism and Social Concern in the Ministry of Timothy Keller" combines excellent research with a valuable presentation of ideas. The relationship between Evangelism and Social Concern has been a topic of discussion from the early church to the present. An's explanation and analysis of Keller's beliefs and practices help frame the issues in beneficial ways. As the church (and other Christian ministries) continue to discuss this issue in the future, An's work will prove to be a helpful guide. I highly commend this work for publication.

Timothy K. Beougher, Ph.D.
Associate Dean, Billy Graham School of Missions, Evangelism and Ministry
Billy Graham Professor of Evangelism and Church Growth
The Southern Baptist Theological Seminary

팀 켈러 목사는 장로교 출신 목사이고, 리디머장로교회
또한 장로교회이다. 그래서 그런지 한국에서 가장 사랑받고
있는 외국 목회자를 뽑으라면 단연 팀 켈러 목사일 것이다.
그리고 팀 켈러 목사를 가장 쉽게 이해할 수 있도록 돕는 사
람이 바로 안성용 목사일 것이다.

안성용 목사의 전작인『팀 켈러의 복음 이해와 교회의 사
명』이 팀 켈러의 복음 이해가 '무엇'인지, 그리고 복음이 '왜'
개인과 세상 변화의 운동력인가에 초점이 맞춰졌다면, 이번
신간은 팀 켈러가 '누구'인지, 그리고 팀 켈러는 '어떻게' 복음
중심으로 교회 사역을 했는지를 다룬다.

안성용 목사는 팀 켈러 전문가답게 팀 켈러의 삶과 그 삶
을 통해 형성된 신학과 사역에 끼친 영향을 조명함으로써, 그
의 사역이 구체적으로 어떻게 펼쳐졌는지 알려 준다. 특별히
불신자 전도 사역에 대한 구체적인 모습과 소그룹 사역에 대
한 설명만으로도 이 책은 읽을 가치가 있다.

팀 켈러의 신학과 사역이 그의 삶에서 어떻게 형성되었
고, 그의 복음 이해가 사역의 현장에서 어떻게 구체적으로 나
타났는지 이 책을 통해 친절한 설명을 듣고서 팀 켈러의 책을
읽는다면, 누구나 팀 켈러 전문가일 뿐만 아니라 자신의 오리

지널리티(originality)를 형성하는 데 부족함이 없을 것이라고 여긴다. 자신의 삶을 통해 형성된 신학에 대한 이해와 적용, 자신이 삶을 살아가는 현장에 대한 이해와 적용, 그리고 자신의 사역에 대한 이해와 적용을 더욱 구체적이고 실제적으로 돌아보고자 하는 모든 분들에게 일독을 권한다.

김관성 • 낮은담교회 담임 목사, 「본질이 이긴다」 저자

한 사람을 이해한다는 것은 그 사람을 둘러싼 삶과 사회, 시대를 살피는 것을 포함한다. 사회를 벗어난 개인은 없으며, 신학 역시 진공 상태에서 만들어지지 않기 때문이다. 그렇기 때문에 한 사람을 통해서 우리는 시대를 보고, 우리에게 필요한 메시지를 얻을 수 있다. 따라서 포스트모던 문화의 대표적 도시인 뉴욕의 한복판에서 사역을 감당하며, 수많은 교회들을 개척하고, 복음을 현대적으로 매우 영향력 있게 감당해 온 이 시대의 대표적 복음 변증가인 팀 켈러의 삶과 사역을 이해하는 것은 매우 의미 있는 일이다.

그러한 의미에서 본서는 안성용 목사님이 훌륭한 인도자가 되어 해석자의 우를 미연에 방지해 주고 팀 켈러의 삶과

목회, 그를 통한 신학과 적용을 더욱 풍성하게 바라보도록 한다. 안성용 목사는 내가 공부했던 남침례교단 신학교에서 팀 켈러의 삶과 사역에 대한 연구로 박사 학위를 받은 전문가이다. 특히 본서는 팀 켈러의 많은 주제 중 '전도'에 대한 면밀한 관찰을 통해 켈러의 신학 이론과 목회 현장을 동시에 바라볼 수 있게 한다. 이 책을 따라가다 보면 복음 이해가 녹아든 현장감을 느끼며 오늘날 우리 사회와 교회에게 필요한 복음적 세계관을 얻을 수 있을 것이다. 동시에 팀 켈러가 제시한 제자 훈련의 의미를 통해 단순히 이론을 학습하는 일방적 교육 방식의 제자 훈련이 아닌, 소그룹 공동체 안에서의 인격적 성숙을 주장하는 것에 큰 도전을 받게 될 것이다.

우리 교회에 필요한 '전도', 우리 사회에 전해야 하는 '복음'에 대한 고민이 있는 모든 분들에게, 복음과 전도가 어떻게 우리 사회를 변화시킬 수 있는지, 복음이 어떻게 총체적으로 하나님 나라의 능력이 될 수 있는지, 매우 쉽고도 통찰력 있게 보여 주는 이 한 권의 책을 강력히 추천한다.

최성은 • 지구촌교회 담임 목사, 『생수를 마셔라』, 『온전한 연결』 저자

1989년에 독일로 유학을 갈 때, 나는 박사 학위 논문에서 다룰 내용을 상당 부분 준비해 갔다. 요한네스 발만(Johannes Wallmann) 교수님이 내가 제시한 주제를 수락하면서 이분을 지도 교수로 해서 공부를 진행했다. 공부하면서 발만 교수의 연구와 저술을 읽었고 경건주의를 깊이 접하게 되었다. 그러면서 생각했다. '한국 교회에 17, 18세기의 경건주의가 절실하게 필요하다.' 지도 교수에게 말씀을 드려서 경건주의로 논문 주제를 바꾸었다. 경건주의는 16세기 종교개혁을 잇는 제2의 종교개혁 운동이며 교회와 사회를 복음으로 변화시키려는 말씀 운동이다. 참되고 살아 있는 믿음으로 하나님의 말씀이 교회와 그리스도인의 삶과 사역에서 살아 움직여야만 교회가 교회답고 그리스도인이 그리스도인다워진다는 것이 경건주의의 중심이었다. 말씀을 묵상하며 살아가는 거듭난 그리스도인을 통하여 세상을 변화시키는 데 헌신한 사람들이 이 운동의 중심에 있었다.

기독교 신앙에서 '십자가 사건'이라고 할 때 두 가지 요소가 포함된다. 십자가의 죽음과 부활이다. 그러나 좀 더 세심하게 살피면 두 가지를 더해서 총 네 가지가 있어야 한다. 예수 그리스도의 죽음, 부활, 승천 그리고 성령의 강림이다. 오늘날의 세계관에서 주님께서 하늘로 오르신 일이 그리 주목받지 못하고 있다. 성경의 맥락에서는 매우 중요하다. 죽음과 부활로써 일단 완성된 구원의 위대한 사건이 제자들과 교회 공동체의 삶에서 구체적으로 작동하게 되는 것은 성령의 강림으로 하늘의 능력이 임해야 한다. 성령의 강림을 위해 필수적인 일이 승천이다.

하나님의 나라는 예수 그리스도의 삶과 사역에서 이미 시작되었다. 성령의 강림으로써 그 나라는 세상 한가운데서 본격적으로 작동하기 시작했다. 하나님의 나라는 하나님께서 창조하신 피조 세계 전체에 영향을 끼친다. 부활하여 승천하신 주 예수 그리스도께서 하늘과 땅의 모든 권세를 가지셨다. 주님께서 교회를 통하여 만물을 충만하게 하신다. 이 교회는 삼위일체 하나님께서 세우셨다. 교회는 하나님의 백성, 그리스도의 몸, 성령의 피조물이다.

교회는 한 사람 한 사람을 죄와 죽음의 권세에서 해방시켜 하나님의 자녀로서 영원한 생명을 누리는 일을 감행한다. 주님께서 교회에 이 사명(使命)을 주셨고 교회는 이 일에 순명(殉命)한다. 이 일은 한 사람을 불러서 구원하는 것을 넘어서 사람 사는 세상 모든 일에 연관된다. 구원의 사건은 사회 및 세상과 무관하게 사람의 개인적 영역에만 해당되는 찻잔 속의 태풍이 아니다. 그리스도인과 교회는 그 시대의 세상에서 고립된 외딴 섬이 아니다. 요한복음 17장에서 예수 그리스도께서 기도하신 대로, 교회 공동체는 세상의 모든 흐름 한가운데서 성령의 능력으로 역사하는 진리의 말씀으로 세상을 변화시킨다. 창조 이래 결코 꺾이지 않고서 진행되는 이 구원의 섭리가 곧 하나님의 의지이다. 이는 예수 그리스도께서 재림하실 때까지 이어질 것이다.

이른바 개인 구원과 사회 구원의 갈등은 사실 초대 교회에서부터 이어져 온 숙제이다. 그러나 복음의 중심은 이 둘을 상충하는 것으로 보지 않는다. 한국 교회는 예수 그리스도의 십자가 사건에 강력하게 헌신하는 특징을 갖고 있다. 복음에 근거한 자기 정체성이 아주 강하다. 반면 복음이 변화시켜야 하는 세상과의 관계에서 복음에 근거한 사회적 연관성에는 취약하다. 특별계시에 강하지만 일반계시의 가치에 약하다. 일반계시의 가치에 소홀하면 사회적인 영향력을 갖기 힘들다. 이는 복음 전도의 약화로 이어진다.

팀 켈러의 삶과 사역에는 이 두 가지의 갈등이 효율적으로 어우러져 있다. 신학적으로 명확한 근거와 논리를 갖고 이 두 가지를 도시 사역에서 구현해 왔다. 이미 세계적으로 잘 알려진 켈러 목사의 사역을 안성용 박사가 잘 정리했다. 필자의 시각과 분석이 탁월하다. 교회 현장과 연관되는 논리가 참 적절하다. 신학적인 논리가 탁월하고 정당한데 현장 목회자나 사역자들에게 전달되는 내용이 약한 경우가 적지 않다. 안 박사는 팀 켈러의 삶과 사역을 현장 목회자의 눈과 감성으로 짚어 냈다. 목회자들과 평신도 지도자들이 읽고 사역을 점검하는 데 꼭 필요한 책이다. 예수 그리스도의 성육신 사건은 말씀이 삶이 되신 일의 원형이다. 이 일은 교회의 사역에서 계속 이어져야 한다. 한국 교회가 '하나님의 말씀이 우리의 삶으로' 이어지는 일에 강력하게 헌신하기를 기도한다.

지형은 • 말씀삶공동체 성락성결교회 담임 목사, 『갱신, 시대의 요청』 저자

서문

우리 주 예수 그리스도의 은혜를 너희가 알거니와 부요하신 이로서
너희를 위하여 가난하게 되심은 그의 가난함으로 말미암아 너희를
부요하게 하려 하심이라 _ 고후 8:9

부요하신 그리스도께서 친히 가난하게 되시어, 나를
부요하게 하셨다. 현재 내가 누리는 모든 부요함은 다 예
수님 덕이다. 주님 덕뿐만 아니라, 필자를 여기까지 오게
해 주신 감사한 분들이 참으로 많다. 그 중에서도 블루밍
턴한인 교회 성도님들께 감사드린다. 이분들과 함께 하나
님, 교회, 복음을 알아 가고 있다. 마음껏 사랑하고 사랑
받으며, 풍성한 삶을 살고 있다. 마음 같아서는 우리 교회

성도님들 성함을 다 나열하고 싶지만, 지면의 제약으로 34명의 리더만 적겠다.

임 원 단: 정계숙, 성인숙, 최상규, 김혜란, 이강형, 전미현, 장은봉, 김희수.

장년 리더: 홍은영, 이현주, 이유정, 김한솔.

청년 리더: 이강형, 장은봉, 김희수, 정일영, 최우주, 정다연, 송다정, 최의종, 김민석, 정국진, 김진아, 전미현, 함유선, 임준혁, 문지원, 김수민, 정하은, 김현우, 김종진, 이다루, 김유정, 정지민, 차주현, 송희경, 송진영, 홍인교.

추천사를 써 주신 분들께 감사드린다. 췌장암 항암 치료 중에도 필자의 논문을 읽어 주시고 추천사를 써 주신 팀 켈러(Tim Keller) 목사님, 부족한 제자를 박사 졸업시키느라 수고해 주신 팀 부커(Tim Beougher) 교수님, 문턱이 낮은 따뜻한 공동체를 세우시는 낮은담교회 김관성 목사님, 예수의 깃발을 흔드는 목회를 감당하시는 지구촌교회 최성은 목사님, 말씀삶을 실현하는 목회를 감당하시는 성락성결교회 지형은 목사님께 감사드린다. 바쁜 와중에 책의 원고를 읽고 더 좋은 책이 될 수 있도록 도와주신 박충훈 목사님, 그리고 책 출간을 허락해 주신 세움북스 강인구 대표님께도 감사드린다. 또한 부족한 자를 믿어 주시고, 새빛성결교회 담임 목사로 청빙해 주신 신상범 목사님과 새빛교회 모든 성도님께도 감사드린다.

내 인생의 동반자 김혜란에게 감사하다. 아내에게 더 이상 바라는 것은 없다. 아니, 딱 하나 있다. "나보다 오래 살아다오." 보기만 해도 좋은 내 아들 희찬, 딸 희주에게 감사하다. 희찬, 희주는 나에게 아주 특별한 것을 해 주고 있다. 그건 다 큰 아이들이 여전히 나와 놀아 준다는 것이다. "희찬, 희주야, 아빠랑 오래오래 놀아 주면 좋겠다!" 이 책을 아버지 안창식 안수 집사님과 어머니 한행숙 권사님께 헌정하고 싶다. 무매독자 아들이 하나님 마음에 합한 목사가 되길 기도해 주시는 두 분이 계셔서 오늘의 내가 있다. 두 분께 받은 사랑을 다 보답할 수는 없다. 다만 바르게 열매 맺는 목사가 되고자 결단했고, 그렇게 살아가려고 노력하고 있다.

책을 출판하는 것이 필자가 가진 무지의 속살을 보이

는 것 같아서 두렵지만, 필자의 연구가 아주 조금이라도 조국 교회에 도움이 되길 바라며 용기를 내어 본다. 혹시 책에 나타난 오류와 잘못이 있다면, 이는 팀 켈러 목사님이나 출판사가 아니라 오롯이 필자에게 속한 것임을 밝힌다.

2023년 4월 26일 블루밍턴 파네라에서
안성용

들어가며

    이 책은 필자의 박사 학위(Ph.D.) 논문 *"The Integration of Evangelism and Social Concern in the Ministry of Timothy Keller"*의 일부분을 번역 개정한 것이다. 필자의 박사 논문은 크게 네 장으로 구성되어 있다.

    1. 팀 켈러는 '누구'인가?
    2. 팀 켈러의 복음 이해는 '무엇'인가?
    3. 복음이 '왜' 개인과 세상 변화의 원동력인가?
    4. 팀 켈러는 '어떻게' 복음 중심으로 교회 사역을 했는가?
      (전도, 공동체 형성, 자비와 정의, 문화, 교회 개척)

    필자의 전 책 『팀 켈러의 복음 이해와 교회의 사명』은

'무엇'과 '왜'를 다룬 논문 2, 3장을 번역 개정한 결과물이다. 전 책에서 필자는 켈러의 복음 이해를 살펴봤고, 그에 따르는 교회의 사명이 무엇인지를 설명했다. 이 책은 '누구'와 '어떻게'를 다룬 논문 1, 4장을 번역 개정한 결과물이다. 독자는 이 책을 통해서 켈러의 삶을 이해하고, 켈러가 리디머장로교회에서 행한 복음 중심 사역이 구체적으로 어떻게 진행됐는지 알 수 있을 것이다. 만약 필자의 전 책과 이 책을 함께 읽으면, 더 통합적으로 필자가 박사 논문에서 말하고자 하는 논지를 이해할 수 있다. 하지만 이 책만 읽어도, 켈러의 복음 중심의 삶과 사역을 이해한다는 점에서 큰 의미를 가질 수 있다.

필자가 논문을 쓰며 가장 먼저 "팀 켈러는 누구인가?"에 답하고자 했다. 그 이유는 한 사람이 경험한 다양한 사건들은 그 사람의 신학적 사고 형성과 사역에 큰 영향력을 끼치기 때문이다. 쉽게 말하면 한 사람의 신학은 진공 상태에서 만들어지는 것이 아니라, 다양한 경험과 만남을 통해서 만들어진다. 따라서 그 사람의 삶을 이해하면, 그 사람의 신학적 사고와 사역을 더 잘 이해할 수 있다. '한 사람'의 삶과 신학의 연관성을 연구한 학자가 있는데 그의 이름은 제임스 맥클렌던(James Wm. McClendon)이다.[1]

맥클렌던은 기독교인의 삶이 어떻게 신학적 사고를 형성할 수 있는지를 그의 책에서 잘 설명한다. 그는 자신의 주장을 설득력 있게 하기 위해, 네 사람의 삶을 분석한다 (Dag Hammarskjoeld, Martin Luther King, Clarence Jordan, 그리고 Charles Ives). 그리고 맥클렌던은 네 명의 삶과 그들이 이해한 속죄 교리의 연관성을 지적한다. 그에 의하면, 교리는 그들의 삶과 경험에 의해 만들어진 지배적인 이미지와 비전에 의해 조명되고 강화됐다. 필자가 봤을 때 맥클렌던이 한 사람의 삶과 신학의 강한 연관성을 어느 정도 과장한 것은 사실이지만, 그의 연구는 한 사람의 신학을 이해하기 위해서 그 사람의 삶을 아는 것이 얼마나 중요한지를 충분히 보여 주었다.

필자가 켈러의 삶을 연구한 내용이 그의 모든 삶을 다 포함할 수는 없다. 아직까지 켈러는 그의 삶에 대한 자서전을 쓰지 않았고, 그 누구도 켈러의 전기를 쓰지 않았다. 이 상황에서 필자는 켈러가 자신의 책, 글, 설교에서 삶과 사역에 관하여 이야기한 여러 퍼즐 조각을 맞춰야 했다. 논문을 쓸 때, 이 약점을 보완하기 위해서 필자는 켈러와 인터뷰를 하기 원했지만, 그 기회가 허락되지는 않았다. 그럼에도 필자가 연구한 내용이 켈러의 신학과 복음 중심 사역을 이해하는 좋은 실마리가 될 것이라고 생각한다.

이 책은 켈러가 리디머장로교회에서 행한 전도, 공동체 형성, 자비와 정의, 문화 참여, 교회 개척을 살펴본다. 초점은 그의 복음 이해가 '어떻게' 구체적인 사역에 적용되고 나타났는지 알아보는 것이다. 필자가 팀 켈러를 연구하며 가장 놀란 것은 그가 깊은 신학적 사고를 구체적 사역 현장에서 풀어냈다는 것이다. 단지 풀어냈을 뿐만 아니라, 건강한 신학으로 풍성한 열매를 맺었다.

어떤 사람은 신학이 중요하고 열매는 중요하지 않다고 말한다. 또 어떤 사람은 신학은 중요하지 않고, 열매가 중요하다고 말한다. 모두 틀렸다. 둘 다 중요하다. 건강하고 바른 신학은 열매를 맺어야 한다. 그래야 한 영혼이라도 더 바른 신앙을 가지고 하나님을 영화롭게 할 수 있다. 더 많은 사람이 기복주의, 번영 신학에서 나와, 복음과 하나님 나라의 백성으로 살 수 있다. 켈러 또한 그의 책『센터 처치』에서 성공이 아니라 열매를 구하라고 말했다. 우리의 능력으로 열매가 맺히게 할 수는 없지만, 열매가 맺히길 소원하는 청지기로서 충성해야 한다는 것이다.

필자는 켈러가 리디머에서 행한 사역 중에서 특별히 '전도'에 더 주목했다. 켈러는 리디머를 개척할 때부터 사역 대상을 불신자로 잡았다. 그는 개척 멤버들과 불신자에게 다가가기 위해 세 가지 질문을 던졌고, 그 질문에 답하며 리디머를 개척했다. 그 세 가지 질문은 다음과 같다.

> 1) 맨해튼에 사는 불신자는 어떤 모습인가?
> 2) 맨해튼에 있는 다른 교회가 채워 주지 못한 불신자의 필요는 무엇일까?
> 3) 어떤 교회가 이런 불신자의 필요에 충실하면서 동시에 성경적일 수 있을까?[2]

이 책에는 위와 같은 질문을 던졌던 켈러가 불신자를 전도하기 위해 구체적으로 어떻게 사역을 진행했는지가 담겨 있다. 켈러는 이미 자신의 책『탈기독교 시대의 전도』에서 전도 전략을 설명했는데, 켈러에 대해서 관심이 많은 독자들은 필자의 글과 어떤 차이점이 있는지 궁금할 수 있겠다. 가장 큰 차이점이라고 한다면, 켈러의 책은 전도에 대한 원론적인 전도 전략을 말했고, 필자는 켈러가 리디머에서 전도를 위해 행한 구체적 사역의 모습을 설명하려고 노력했다.

필자는 리디머에서 행한 구체적 전도 사역 모습을 설명하려고 했지만, 그 내용이 단순하지는 않다. 오히려 복잡할 수 있는 내용이 있지만, 이것 또한 불신자에게 복음을 전하기 원했던 켈러의 진심이 표현된 결과물이다. 필자의 책을 읽고, 이해가 가지 않는 부분은 각주에 포함된 글과 책을 읽으면 더 많은 도움을 얻을 것이다. 특별히 켈러가 강조했던 과정 전도, 전도 다이나믹(문화), 전도적 예배와 복음 중심 설교를 각자 교회가 처한 상황에 맞게 적용하면 전도에 큰 도움이 될 것이라 확신한다.

켈러가 제자 훈련을 다룬 것도 주목해 볼 필요성이 있다. 켈러는 일반적으로 제자화 혹은 제자 훈련(discipleship)이라고 부르는 것을 의도적으로 "공동체 형성(community formation)"이라고 말한다. 켈러가 이와 같은 용어를 선택한 이유는 제자 훈련을 개인이 예수님을 믿고 따라가는 과정이라기보다는 공동체적 과정으로 봤기 때문이다. 즉 켈러는 제자가 교실에서 수업으로 생겨나는 것이 아니라, 공동체 안에서 그리고 인격적 관계 가운데 복음을 더 경험함으로써 세워진다고 믿는다. 따라서 리디머에서 제자 훈련의 장은 교실이 아니라 소그룹이다. 한국 교회식으로 이야기하면, 목장, 속, 셀, 구역이라고 말할 수 있겠다. 제자 훈련을 공동체적 그리고 인격적 과정으로 이해한 켈러의 입장은 강의 형태의 훈련에 익숙한 우리에게 중요한 메시지를 준다.

켈러는 자비와 정의 사역에 있어서 교회의 역할을 한정한다. 그 이유는 구제를 함과 동시에 지역 교회만이 감당할 수 있는 본연의 사명을 잃지 않기 위해서이다. 이는 그리스도인의 공공성이 중요하지만, 이를 위해 지역 교회가 감당할 수 있는 것과 그렇지 않은 것을 지혜롭게 구분할 수 있어야 한다는 사실을 보여 준다. 이는 교회 공공성을 강조하는 현대 조류 가운데 우리에게 중요한 지침을 알려 준다.

켈러는 신앙과 직업의 통합을 통해서 그리스도인이 문화 갱신(cultural renewal)에 참여할 수 있다고 믿는다. 이를 위한 교회의 역할은 성도가 복음적 세계관이라는 렌즈를 가질 수 있도록 훈련하는 것이다. 그리고 그렇게 훈련된 성도가 직장 생활 가운데 하나님을 영화롭게 하는 방식으로 일하며 문화 갱신에 참여한다. 또한 켈러는 리디머장로교회와 같이 전도, 공동체 형성, 자비와 정의, 문화 참여 등의 핵심 가치를 공유한 복음 중심 교회를 도시에 개척함으로써, 복음 운동을 일으키는 촉매 역할을 감당하고자 한다.

이제 독자는 이 책의 본론을 읽게 된다. 읽을 때 주목해야 할 점은 켈러의 신학과 사역이 그의 삶에서 어떻게 형성되었고, 그의 복음 이해가 구체적 사역의 현장에서 어떻게 나타났는지에 관심을 두는 것이다. 그 결과 독자는 켈러가 행한 복음 중심 사역을 더 이해하고, 이를 자신의 상황에 맞게 적용할 수 있는 지혜를 얻을 수 있을 것이다.

팀 켈러는
누구인가?

팀 켈러, 그는 누구이며
어떻게 사역했는가?

Timothy
Keller

1
팀 켈러의 삶
복음 중심의 삶

팀 켈러가 어떻게 복음을 이해했는지를 명확하게 알기 위해서는 그의 삶을 살펴볼 필요가 있다. 왜냐하면 한 사람의 삶과 경험은 그 사람의 신학과 사역 형성에 지대한 영향을 끼치기 때문이다. 아래의 글에서 팀 켈러의 삶과 리디머장로교회에서의 사역을 일곱 부분으로 나눠서 설명하고자 한다. 펜실베니아주 알렌타운, 버크넬 대학, 고든콘웰 신학교, 버지니아주 호프웰, 웨스터민스터 신학교, 9/11 전 리디머장로교회 사역, 9/11 이후 리디머장로교회 사역.

1950년에 태어난 팀 켈러는 펜실베니아주 알렌타운에서 자라났다. 그의 아버지는 선생님이었고, 어머니는 간호사였으며, 그의 가족은 루터 교회에서 신앙생활을 했다. 켈러가 10대가 되었을 때, 루터 교회는 켈러에게 2년간 입교 교육을 받을 것을 요구했다. 이 입교 교육의 목적은 10대들이 기독교 신앙, 전통, 역사를 이해하게 하는 것이고, 그에 따라 신앙 고백을 할 수 있게 하는 것이었다. 2년간 입교 교육을 받으며, 켈러는 기독교 신앙과 삶에 대해서 더 혼동되었다. 그 이유는 2년간 두 명의 사역자가 입교 교육을 진행했는데, 두 사역자가 완전히 다른 신학적 배경을 가지고 있었기 때문이다.

입교 교육 1년 동안은 은퇴한 목사님이 켈러를 가르쳤다. 그 목사님은 전통적이며 보수적인 신학을 가지고 있었고, 지옥의 위험성과 믿음의 필요성에 대해서 무척 강조했다. 반대로 나머지 1년간은 이제 막 신학교를 졸업한 젊은 목사님이 켈러를 가르쳤다. 이 젊은 목사님은 자유주의적 신학을 가지고서 정치 사회적 변화를 추구하는 사회 활동가(social activist)였다. 켈러는 젊은 목사님에게 입교 교육을 받으며, 그가 나이 든 목사님께 배운 것들에 대해서 의구심이 생겼다. 켈러에게 있어서 두 목회자에게 배운 내용은 너무나 달랐고, 이는 마치 두 개의 다른 종교처럼 느껴졌다. 너무나 혼란스러웠던 켈러는 두 목회자에게 "도대체 둘 중에 누가 거짓말을 하고 있나요?"라고 질문하고 싶었다.[1]

| 버크넬 대학(Bucknell University) |

팀 켈러의 대학 생활(1968-1972)은 세 가지 차원에서 무척 중요하다. 첫째, 켈러는 사회 활동주의와 보수적 기독교 모두 사회 정의에 접근하는 부분에 있어서 문제가 있다는 사실을 인식했다. 버크넬 대학에서 켈러는 아프리카계 미국인들과 미국의 인권 운동가들에 대한 구조적인 불의가 있다는 사실을 인식했다. 그 당시 그는 미국 사회 전체가 부당한 인종 차별을 너무나 쉽게 합리화하는 것에 놀랐다.[2] 인권 운동의 영향을 받은 켈러는 사회 정의 운동에 관심을 기울였고, 미국 부르주아 사회를 비판했다. 그는 다음과 같이 말한다.

[대학 생활을 하며] 나는 보수와 진보 두 진영을 봤고, 두 진영 모두
는 근본적으로 문제가 있다는 사실을 발견했다. 사회 정의에 대해
가장 열정적인 사람들은 도덕적 상대주의자들인 반면, 도덕적으로
정직한 사람들은 전 세계에서 일어나고 있는 억압과 불의에 대해
신경 쓰지 않는 것처럼 보였다. … 나는 계속해서 "도덕이 상대적이
라면, [그들이 추구하는] 사회 정의 또한 [상대적이지] 않냐?"고 질
문을 던졌다. 이것은 나의 교수님들과 사회 정의 추종자들이 가진
노골적인 모순을 보여 주었다.[3]

켈러는 사회 정의 추종자의 모순을 분명하게 인식했
다. 이는 도덕적 상대주의를 표방하는 사람이 사회 정의
를 절대적 가치로 주장하는 것 자체가 모순이기 때문이
다. 그럼에도 그는 보수적인 교회가 사회 정의 문제를 다
루는 것에 동의할 수 없었다. 이 당시 그의 고민은 다음
한 문장에 잘 요약된다. "왜 비종교인은 평등과 정의에 대
해서 무척 열정적인데, 종교인은 그 문제에 대해서 그와
같은 열정이 없을까?"[4] 당시 미국 남부 일부 그리스도인
은 흑백 분리를 주장하고, 자신의 입장을 성경에 근거해

서 입증하려고 했다. 켈러는 이 남부 그리스도인이 믿는 기독교 신앙을 이해하기 어려웠다.[5] 이 상황에서 켈러는 어렸을 때부터 교회에서 배운 기독교 신앙에 대해 회의를 품게 되었다. 그 결과 그는 하나님, 세상, 그리고 자신에 대한 기독교 신앙적 확신이 흔들리게 되었고, 개인적, 감정적, 영적 위기를 경험했다.[6]

팀 켈러의 대학 생활이 중요한 두 번째 이유는 그가 대학 생활 중에 회심했기 때문이다.[7] 켈러는 사회 활동주의와 전통적인 교회가 아닌, 새로운 대안을 줄 수 있는 모델이 간절히 필요했다. 당시 켈러는 "개인의 주관적 감정이 아니라, 하나님의 본성에 근거해서 사회 정의를 추구하는 그리스도인을" 찾기 소원했다.[8] 즉 켈러는 변화하지 않는 진리에 근거해서 사회 정의 문제를 다룰 수 있는 그리스도인을 만나기 원했다. 영적 개인적으로 힘든 이 시간에 켈러는 IVF에 속한 성경공부 소그룹에 참여했다.[9] 그때 켈러는 신약의 복음서를 읽으며, '하나님의 말씀'을 만났다. 켈러는 성경을 통해서 예수님을 믿게 된 것에 대해 다음과 같이 말한다. "대학 시절 동안 성경은 언어로 표현하기 어려울 정도로 살아 있는 말씀으로 내게 역사했다. … 변화 전에는, 내가 성경을 읽고 분석하고 성경에 대해서 질문했다. 그런데 변화 후에는, 성경이 나를 읽고 분석하고 나에게 질문을 던졌다."[10] 켈러는 성경을 통한 회심 경험과 IVF에서의 교제를 통해, 사회 활동주의와 전통주의 모두의 대안이 될 수 있는 '제3지대'가 존재할 수 있음을 알게 되었다.

팀 켈러의 대학 생활이 중요한 세 번째 이유는 그가 영적 부흥(Spiritual Awakening)이 사람의 일이 아니라, 하나님의 역사임을 깨달았기 때문이다. 켈러가 대학을 다닌 1970년대에는 학생들이 수업을 거부하고, 자신의 의견이 무엇이든지 단상에 올라가 마이크를 잡고 말할 수 있었다. 당시 버크넬 대학에는 10~15명의 IVP 회원들이 있었다. 이 적은 수의 학생들은 예수 그리스도에 대해서 말했고, 예수님만이 인간이 겪는 모든 문제에 대한 해결책임을 주장했다. IVF 학생들은 다음과 같은 대자보를 걸었다. "예수 그리스도의 부활은 지적으로 신뢰할 만하고 실존적으로도 만족스럽다."[11] 그리고 학생들은 그 대자보 밑에 앉아서 대자보에 쓰인 내용에 관심이 있는 사람들과 이야기를 나눴다.

10여 명의 IVF 학생들이 그들의 9월 모임을 처음 시작하려고 할 때, 그들은 그들의 첫 모임에 100명 이상의 사람이 참여했다는 사실에 놀랐다. 후에 IVF는 무척 풍성한 전도의 열매를 거둘 수 있었다. IVF 학생들은 전도의 열매를 위한 전략을 세우고서 진행하지도 않았고, 이와 같은 풍성한 열매를 예상하지도 않았다. 켈러는 이 열매가 하나님께서 직접 일으키신 부흥이라고 믿는다.[12]

| **고든콘웰 신학교**(Gordon-Conwell Theological Seminary) |

팀 켈러는 웨스터민스터 신학교 총장인 에드먼드 클라우니(Edmund P. Clowney)에게 그리스도 중심 설교의 필요성을 배웠다. 켈러는 버크넬 대학에 있을 때부터 클라우니를 알아가기 시작했다. 버크넬 대학에 있는 IVF 학생들은 대규모 전도 집회를 진행하기로 결정했다. 그때 켈러는 클라우니에게 초청 강사로 와서 말씀을 선포해 달라고 부탁했고, 이 전도 집회는 아주 풍성한 전도의 열매와 함

께 마쳤다. 당시 클라우니는 전략적으로 잘 구성된 전도 집회에 깊은 인상을 받았다.[13]

켈러는 버크넬 대학 졸업 후에, 고든콘웰에서 신학을 공부하며 IVF 보스턴 지부에서 일했다.[14] 그는 고든콘웰에서 클라우니를 다시 만나게 되었다. 당시 클라우니는 "구약 성경에서 어떻게 그리스도를 전할 수 있는가?"에 대한 특강을 하고 있었다. 켈러는 클라우니의 강의를 들으며, 복음을 분명하게 전하고 사람의 마음을 변화시키기 위해서 그리스도 중심 설교가 얼마나 중요한지 깨달을 수 있었다.[15] 그는 다음과 같이 말한다.

나는 클라우니의 강의를 들으며 충격을 받았다. 그의 강의는 내 미래 사역을 위한 중요한 토대를 마련해 주었다. 당시 나는 리처드 러브리스 교수의 수업을 들으며 윤리적 변화와 복음적 변화의 차이점을 인식했다. 그리고 지금 나는 클라우니의 강의를 통해서 윤리적 변화와 복음적 변화의 차이점을 설교에 적용할 수 있게 됐다. 윤리적 설교는 단지 사람의 의지를 자극하지만, 그리스도 중심 설교는 복음을 선명하게 하고 사람의 마음을 변화시킨다.[16]

켈러는 그의 아내 캐시와 1975년 고든콘웰에서 지낸

마지막 해에 결혼했다. 캐시가 그녀의 자매를 만나기 위해 버크넬 대학에 방문했을 때, 켈러는 그녀를 처음 만났다. 이 만남은 둘의 관계에 있어서 큰 의미는 없었다. 하지만 그들은 고든콘웰 신학교에서 수업을 들으며 다시 만났고, 관계를 발전시킨 후에 결혼했다. 켈러와 캐시는 신학교 졸업 후에 교회와 관련된 직업을 찾기가 어려울 것이라 예상했다. 그래서 그들은 공무원 시험을 봤고, 우체국 직원이 될 마지막 준비를 마쳐 가고 있을 때, 하나님께서는 그들을 버지니아주에 있는 호프웰장로교회의 3개월 임시 목사(interim pastor)로 부르셨다. 켈러는 임시 목사로 그곳에 갔다가, 9년간 사역했다.[17]

| 버지니아주 호프웰(Hopewell, Virginia) |

켈러는 1975년부터 1984년까지 호프웰장로교회에서 담임 목회를 하며, 1,500편의 강해 설교를 했다. 그는 1,500편의 강해 설교를 준비하고 전달하며 윤리적 설교를 지양했고, 그리스도 중심 설교를 발전시켰다.[18] 그의 강해 설교는 신약 본문에만 치중되어 있지 않았고, 대부분

1 팀 켈러의 삶 : 복음 중심의 삶

의 신구약 성경을 다뤘다. 물론 켈러도 모든 구약 본문에서 그리스도를 설교하기가 어려웠다. 이와 같은 어려움을 겪을 때 종종 두 가지 오류에 빠진다. 하나는 구약 본문을 알레고리적으로 해석하는 것이고, 다른 하나는 본문의 맥락과 상관없이 그리스도를 말하는 경우이다. 그런데 켈러는 이 두 가지 오류 없이 특정한 문맥에 있는 구약 본문 저자의 원 의도를 존중하며, 그리스도 중심 설교를 하려고 하니, 어려울 수밖에 없었다. 하지만 켈러는 이를 포기하지 않았고, 호프웰에 있으면서 자신의 그리스도 중심 설교를 발전시켰다.[19]

켈러는 호프웰에서 목회하면서 웨스터민스터 신학교의 목회학 박사 과정을 등록하기로 결정했다. 그의 박사 논문 주제는 집사를 훈련시키는 것이었다. 켈러의 지도 교수는 켈러에게 집사직의 역사를 연구하고, 지역 사회를 위한 집사의 구제 사역을 어떻게 회복할 수 있는지를 연구하라고 요청했다. 켈러는 논문을 쓰면서 변화되었다. 그는 구제 사역을 위한 성경적 토대를 발견했을 뿐만 아니라, 신체적, 정서적, 경제적으로 가난한 사람을 도울 수 있는 전략도 발견했다. 그는 교회에서 구제 사역을 감당해야 하는 집사들을 논문 내용으로 훈련시켰다. 그 결과 켈러가 담임하는 호프웰교회는 지역 사회를 말씀(설교와 교육)과 행동(가난한 이들에 대한 구제)으로 섬기게 됐다.[20] 켈러가 9년간 호프웰을 섬기는 동안 90명이었던 성도의 수가 300명으로 늘어났다. 또한 켈러는 이 기간 교단의 지도자로서 15개의 교회가 개척되는 것을 돕고 섬겼다.[21]

| 웨스트민스터 신학교(Westminster Theological Seminary) |

켈러는 호프웰의 사역을 마무리하고, 필라델피아에 있는 웨스트민스터 신학교의 실천신학부 부교수가 되었다. 신학교 교수 사역은 켈러의 사역에 있어서 세 가지 측면에서 중요했다. 첫째, 그는 이 기간을 통해 자신의 목회 사역에 대해서 반추해 볼 수 있었다. 그는 이에 대해서 다음과 같이 말한다. "나는 교수로 있으며 설교, 리더십, 전도 등 목회 전반을 가르쳐야 했고, 이와 같은 교수 사역은 나의 목회 모든 영역에 대해서 신학적으로 숙고하는 시간을 요구했다. 이 과정을 거치며 나는 모든 목회 영역에 대

한 신학적으로 깊은 이해를 가지게 됐다."²² 즉 켈러는 10년 이상 교수 사역을 하며, 목회 전반에 관하여 연구 정리할 수 있었고, 이를 통해 그는 리디머장로교회 사역의 토대가 되는 건강한 목회 신학을 발전시킬 수 있었다.

켈러의 신학교 교수 사역이 중요한 두 번째 이유는 그가 필라델피아에서 도시 선교의 중요성을 이해했고, 직접 참여했기 때문이다. 그가 웨스트민스터 신학교 교수로 있을 때, 도시 선교 분과는 중흥기였고, 이를 통해 그는 선교적 관점에서 도시의 중요성을 다시 인식하게 됐다.²³ 당시 켈러는 하비 콘(Harvie Conn)으로부터 도시 선교에 대해서 배울 수 있었다. 이 배움을 통해 켈러는 복음이 도시를 변화시키는 모습을 발견할 수 있었고, 나아가 도시와 도시 선교에 대해서 긍정적인 비전을 가지게 됐다.²⁴ 켈러는 도시 선교에 대한 자신의 이해에 콘의 영향력이 얼마나 지대했는지 다음과 같이 말했다. "나는 내가 그 당시 생각했던 것보다 훨씬 더 많은 것을 그에게 배웠다는 사실을 요즘 다시 깨닫게 된다. 나는 25년 전에 그의 책『전도: 정의를 행하고 은혜를 전하라』(*Evangelism: Doing Justice and*

Preaching Grace)를 읽었다. 이 책의 내용은 하나님과 교회에 대한 내 신학 체계에 큰 영향을 주었다."[25]

켈러는 그의 교단(Presbyterian Church in America) 자비 사역 담당자로서 도시 선교 사역에 참여하게 됐다. 이때 그는 두 책을 출판했는데, 하나는 『집사를 위한 자료: 자비 사역을 통해 표현된 사랑』(Resources for Deacons: Love Expressed through Mercy Ministries)[26]으로 교회의 집사가 자비 사역을 통해 지역 공동체를 섬길 수 있도록 돕는 책이다. 다른 하나는 『자비 사역: 여리고 길로의 부르심』(Ministries of Mercy: The Call of the Jericho Road)[27]이라는 책이다. 이 두 책 모두 자비 사역을 위한 신학적 근거와 실천적인 전략을 설명하고 있다. 당시 켈러는 무슬림과 동성연애자에게 복음을 제시하는 사역에 적극적으로 참여했을 뿐만 아니라, AIDS 환자와 같이 실제적 도움이 필요한 사람을 섬길 수 있는 사역을 조직하는 일도 도왔다.[28] 켈러는 후에 도시 선교에 대한 콘의 가르침과 필라델피아에서 경험한 도시 선교 사역, 이 두 가지가 뉴욕에서 교회 개척하는 것을 결정하게 하는 주요한 두 요인이었다고 말한다.[29]

켈러의 신학교 교수 사역이 중요한 세 번째 이유는 이때 그가 뉴욕 맨해튼에서 교회를 개척하라는 교단의 요청을 받았기 때문이다. PCA 교단은 켈러가 웨스트민스터에서 가르치고 있을 때 뉴욕 맨해튼에 교회 개척할 계획을 가지고 있었다. 1987년 3월 북미 선교 책임자 테리 가이저(Terry Gyger)는 켈러와 대화하며, "외부에서 내부를 향하는 모델(Outside-In Model)", 즉 교회 개척자가 도시 외곽에 교회를 개척하고, 도시 내부 사람들에게 접근하는 모델이 다양한 한계를 가지고 있다고 말했다. 가이저는 "내부에서 외부로 향하는 모델(Inside-Out Model)"이 도시 선교에 적합하다고 주장했다. 이 모델은 건강하고 튼튼한 교회를 도시 중심에 세우고, 중심부로부터 도시의 전 영역에 영향력을 미칠 수 있다.[30] 가이저는 뉴욕 맨해튼 교회 개척에 필수적인 자료 조사, 개척을 위한 토대 마련, 개척자로서 가장 적합한 사람을 선정해 줄 것을 켈러에게 요청했다.[31] 켈러는 자신이 이 사역을 위한 적합한 개척자일 수 있다는 가능성을 생각조차 하지 않았다. 그는 당시 필라델피아 외곽에서 사는 삶에 아주 만족하고 있었고, 학교 교수와 교단 도시 선교 책임자로서 풍성한 열매를 맺고 있었다. 게다가, 그는 웨스트민스터 신학교와 교수 계약 기간을 깨트릴 생각을 전혀 해본 적이 없었다.[32]

뉴욕 맨해튼 교회 개척 프로젝트에 적합하다고 여겼던 두 사람이 교회 개척 제안을 거절하자, 가이저는 켈러에게 이 프로젝트를 맡아 달라고 요청했다. 가이저는 비록 켈러가 대도시에서 목회한 경험은 없지만, 이를 감당할 만한 역량이 있다고 생각했다. 가이저는 다음과 같이 말한다. "비록 당시 켈러는 큰 교회를 섬기며 설교해 본 경험이 별로 없었지만, 나는 그 안에 있는 가능성을 볼 수 있었다. … 그는 지적으로 탁월했고, 자기가 아는 것을 선명하게 전달할 수 있는 능력이 있었다."[33]

켈러와 그의 아내 캐시는 자신들이 뉴욕 교회 개척에 적절한 사람이라는 확신이 없었다.[34] 켈러가 처음으로 뉴욕 맨해튼에 교회 개척하는 이야기를 했을 때, 캐시는 다음과 같이 말했다. "천방지축 세 아들을 열악한 주거 환경과 평균 이하의 부모 돌봄이 만연한 대도시 한가운데로 데려간다고요. 뉴욕에 가면, 우리 아이들이 성인이 되

기까지 듣지도 보지도 않았으면 하는 다양한 범죄에 노출
될 거예요."[35] 이와 같은 캐시의 걱정은 〈New York Daily
News〉가 말하는 1989년 평범한 하루 뉴욕 범죄 수치를 고
려할 때 타당해 보인다. "1989년 평범한 날 하루에 9건의
강간, 5건의 살인, 255건의 강도, 194건의 폭행이 뉴욕에
서 발생했다."[36]

켈러와 캐시가 뉴욕 맨해튼에 개척한다는 것은 그들
이 필라델피아 외곽에서 누렸던 단란하고 안전하며 여유
로웠던 가정생활이 없어진다는 것을 의미했다.[37] 또한 자
신들이 필라델피아에서의 가정생활을 포기하고 뉴욕에서
교회를 개척해도, 이 개척이 성공적일지 아닐지 결과를
아무도 보장할 수 없었다. 켈러는 캐시가 뉴욕에서 교회
개척하는 것에 대해 의구심과 주저함이 가득하다는 사실
을 알았고 다음과 같이 말한다. "당신이 뉴욕으로 가기를
원하지 않으면, 우리는 가지 않을 거예요."[38]

캐시는 대도시에서 아이들을 키우기 싫어하는 자신의
거리낌에 근거해서 켈러가 교회 개척 여부를 결정하는 게
옳지 않다고 생각했다. 그녀는 다음과 같이 말했다. "만약

뉴욕에서 교회 개척하는 일이 옳다고 생각한다면, 하나님 앞에서 교회 개척을 당신이 결정해요. 이 결정은 누가 대신해 줄 수 없는 당신 고유의 일이에요. 나의 일은 당신을 개척으로 부르신 하나님의 부르심에 내가 기쁨으로 화답할 수 있도록 하나님 앞에서 씨름하며 기도하는 겁니다."[39]

켈러가 뉴욕에서 교회 개척을 주저하는 이유는 자신이 이 일을 감당할 만한 사람이 아니라고 생각했기 때문이었다. 그런데 생각을 더 해보니, 뉴욕에서 교회 개척하는 일은 자신뿐 아니라, 그 누구도 감당할 수 있는 일이 아니었다. 이와 같은 상황은 켈러에게 다음과 같은 사실을 의미했다. "뉴욕 교회 개척 성공 여부는 나의 능력에 달린 게 아니라, 하나님을 얼마나 사랑하고 의존하는지에 달려있다."[40] 켈러는 이 깨달음을 통해 진정한 문제는 교회 개척을 감당할 수 있는 능력이 자신 안에 없다는 게 아님을 알게 된다. 진정한 문제는 켈러 자신이 충분히 하나님을 사랑하지도 의존하지도 않는다는 것이다.

켈러는 윌리엄 거널(William Gurnall)의 『그리스도인의 전신갑주』(*The Christian in Complete Armour*)를 읽던 중에 뉴욕 교회 개척에 대한 중요한 깨달음을 얻는다. "하나님께 신실하게 순종하는 것은 군대를 지휘하는 것보다 더 큰 용기와 위대함을 요구한다. 그리스도인이 되는 것은 군대의 지휘관이 되는 것보다 더 큰 위대함을 요구한다."[41] 거널의 주장을 통해서 켈러는 뉴욕 교회 개척을 하기로 작정하는 순간부터 용감해져야 할 거라고 생각했던 것이 착각임을 깨달았다. 그리스도인으로 산다는 것은 언제 어느 순간에도 순종을 위해 용감한 삶을 선택하는 것이다. 즉 그리스도인으로 산다는 것은 전쟁을 앞둔 군대 지휘관보다 더 큰 용기 가운데 살아간다는 것을 의미한다.[42]

켈러는 성육신하신 하나님, 예수님을 기억함으로 뉴욕 교회 개척을 최종적으로 결심한다. 그는 다음과 같이 말한다. "나는 기도했어야 하는 만큼 기도하지 않았다. 나는 하나님을 사랑했어야 하는 만큼 사랑하지 않았다. 결과적으로 나는 뉴욕에 가지 않으려는 겁쟁이였다. 이와 같은 내 모습은 하늘 보좌를 버리고 나를 위해 용감하게 십자가로 향하신 예수님께 신실하지 못한 모습이다."[43] 켈러는

1988년 7월 1일 웨스트민스터에 1년 후 사임하겠다고 통보했다. 이를 통해 켈러는 뉴욕 맨해튼에서 교회를 개척하겠다는 자신의 결정을 분명히 했다.[44]

| 9/11 이전 리디머장로교회 |

1989년

켈러는 교회 개척을 위한 핵심 그룹을 세우기 위해서 대대적인 광고를 하기보다는 자신의 인적 네트워크를 사용했다. 교회 개척을 위한 그의 첫 번째 목표는 불신자를 교회로 인도할 수 있는 성숙한 그리스도인을 찾는 것이었다. 이와 같은 켈러의 첫 목표 설정은 그가 교회의 시작부터 불신자 전도에 초점을 맞추고 있다는 사실을 잘 보여준다.[45] 1988년부터 켈러는 필라델피아에서 뉴욕을 오가며 뉴욕을 이해하기 위한 자료 조사를 했고, 교회 개척 핵심 그룹을 세우기 위해서도 많은 노력을 했다.

1989년 초 켈러는 교회 개척을 위한 초석을 놓았다. 그는 15명의 교회 개척 핵심 멤버와 새로운 교회의 비전과 가치를 정립하기 위해서 성경공부, 기도, 토론의 시간을 가졌다. 이때 특별히 토론 시간이 중요했다. 토론 시간에는 교회 개척에 필수적인 다양한 생각을 고안하기 위해 세 가지 질문을 사용했다. 첫째, "맨해튼에 사는 불신자는 어떤 모습인가?" 이 질문은 전도 대상인 맨해튼에 사는 사람을 이해하기 위한 질문이다. 둘째, "어떤 교회가 이런 불신자의 필요에 충실하면서 동시에 성경적일 수 있을까?" 셋째, "뉴욕 맨해튼에 있는 다른 교회가 채워 주지 못한 불신자의 필요는 무엇일까?" 위와 같은 질문을 중심으로 한 토론과 기도 시간을 통해 리디머장로교회의 비전과 가치들이 서서히, 그리고 분명하게 발전됐다. 그 비전과 가치는 다음과 같다.

[리디머장로교회의 비전은] 맨해튼의 전문직 종사자들이 그리스도를 위해 그들의 관계망 가운데 전도하게 하여, 뉴욕시를 변화시키는 것이다. [리디머장로교회의 핵심 가치는 다음과 같다.]

복음: 율법이며 동시에 은혜인 복음. 복음은 모든 것을 변화시킨다. 복음은 율법적인 교회를 거부하고 동시에 값싼 은혜를 제시하는 교회를 거부한다.

성경: 권위를 지니지만 언약적이고 인격적이다. 성경은 단순한 율법을 모아 놓은 책이 아니며, 동시에 문학 작품도 아니다.

도시: 하나님은 도시를 사랑하신다. 하나님 나라는 도시 안에서 성장한다. 도시를 배격하는 삶, 도시를 숭배하는 삶 모두를 지양한다.

교회: 연결하는 기능을 담당한다. 교회가 있는 지역 공동체의 특성을 반영함과 동시에 그 지역 다른 교회에 대한 책임을 감당하는 교회를 지향한다.[46]

켈러와 핵심 그룹은 리디머장로교회가 전문직 종사자를 타깃으로 삼는다는 점에서 뉴욕에 있는 다른 교회들 즉 자유주의 교회와 보수주의 교회 모두와 달라야 한다고 생각했다. 리디머 개척 핵심 멤버였으며 현재 리디머장로교회의 장로인, 글렌 클렌케넷(Glen Klienkenect)은 당시에 불신자에게 도달하고 전도하기 위해서 '포도주의 새 부대(a new wineskin)'인 새로운 교회가 뉴욕에 필요했다고 말한다. 이 불신자들은 도시 전문직 종사자였고, 기독교에 대한 이들의 시각은 아예 무시하는 것부터 적대적인 것까지 다양했다.[47] 당시 자유주의, 그리고 보수주의 교회 모두는 뉴욕 전문직 종사자들에게 복음으로 다가가지 못했다. 켈러와 핵심 그룹은 기독교 신앙에 대한 다양한 질문을 가진 회의주의자와 초신자들에게 다가갈 수 있는 교회를 개척하기로 결심했다.[48]

하나님께서는 켈러와 핵심 그룹의 기대를 훨씬 뛰어넘는 사역의 열매를 맺게 하셨다. 켈러는 1989년 4월 23일 맨해튼 북동쪽에서 첫 저녁 예배를 시작했다. 이 첫 예배 전에 켈러와 핵심 그룹은 여러 사람들에게 그들의 첫 예배에 오길 초청했다. 이때 그들은 50명이라도 오면 좋겠다고 생각했다. 그런데 첫 예배 참석자가 85명이었다. 교단 참석자 25명을 제외하고도 65명이나 되는 지역 주민이 첫 예배에 참석했다. 그리고 1989년 9월 저녁 예배 평균 출석이 대략 100명이었다. 이 당시에 켈러는 교회 출석한 지 얼마 안 되는 사람들이 계속해서 불신자를 교회에 데려오는 현상을 목격할 수 있었다.[49]

1989년 9월 마지막 주에 리디머는 저녁 예배 한 번으로는 예배 인원을 감당할 수 없어서, 다음 주부터 주일 오전 예배를 드리겠다고 발표했다. 이와 같은 현상은 계속되었고 크리스마스에는 대략 250명이 아침 저녁 예배에 참여했다.[50] 이때 켈러는 수많은 불신자와 비 개신교인들이 리디머장로교회로 매 주일 온다는 사실과 그들이 기독교 신앙에 대해 가진 의문을 적극적으로 표현한다는 사실 때문에 무척 놀랐다.[51]

켈러는 개척 후 3년 동안 교회 사역만을 위해 전념했다. 켈러는 개척을 시작할 때, 그의 아내 캐시에게 자신에게 3년의 특별한 시간을 허락해 달라고 부탁했다. 이 3년의 시간 동안 켈러는 자신이 평소 감당하던 사역의 정도보다 훨씬 강도 높은 사역을 더 오래 할 작정이었다. 캐시는 이 요청을 받아 주었고, 켈러는 육체적 건강이 손상당하거나 가족이 깨어지지 않는 한에서, 리디머장로교회 사역에 우선순위를 둘 수 있었다.[52]

켈러는 교회에 새로 오는 사람들과의 만남을 통해서 뉴욕에 대해 배울 수 있었다. 사람들은 주로 예배 후에 켈러에게 찾아와 그들의 영적 문제에 관해서 이야기하길 원했다. 이렇게 찾아오는 대부분의 사람들은 불신자였고, 25~30살의 젊은이들이었다. 이들과의 만남과 이야기를 통해서 켈러는 불신자들이 처한 다양한 상황에 대해서 이해할 수 있었다. 게다가 이와 같은 만남을 통해 켈러는 자신의 설교를 그들이 이해했는지, 혼동했는지, 무엇을 발전시켜야 하는지에 대한 즉각적인 피드백을 받을 수 있었다. 즉 켈러는 불신자들과 많은 시간을 보냄을 통해서, 뉴욕 사람들이 처한 삶의 정황을 이해할 수 있었고, 그들에게 적합하고 들리는 설교를 발전시킬 수 있었다.[53]

1989년 가을부터 1911년 봄

켈러는 개척 초기 3년 동안 영적 부흥이 리디머장로교회에 있었다고 말한다. 그는 처음 교회 개척을 했을 때, 그가 1970년 버크넬 대학에서 경험했던 하나님의 임재를 똑같이 리디머에서 느낄 수 있었다.[54] 그는 그 당시 경험한 영적 부흥에 대해서 다음과 같이 말한다. "우리 교회에서 사람들은 하나님의 임재를 느낄 수 있었고, 회심의 이야기들과 그로 인한 삶이 변화된 간증을 들을 수 있었습니다."[55]

이 당시 리디머장로교회에서 성령님은 복음의 능력으로 잠자던 그리스도인을 깨웠다. 그 결과 그리스도인들은

맨해튼에 사는 수많은 불신자들을 리디머에 데리고 왔고
예수님을 믿을 수 있게 했다. 또한 리디머에서 전해지는
불신자들의 회심 이야기는 뉴욕 다른 교회에 다니고 있는
그리스도인들에게도 영적인 영향력을 미쳤다. 이들도 또
한 자신의 불신자 친구들을 리디머에 데리고 오기 위해서
리디머 예배에 참여하기 시작했다. 이와 같은 영적 부흥
의 결과 리디머장로교회는 폭발적으로 성장했다. 개척한
지 1년 반 정도인 1990년 가을, 리디머 주일 예배 출석자
는 500명이 넘었고, 개척 2년이 되는 1991년 봄에는 출석
이 700명이 넘었다. 켈러에 의하면, 이 당시 리디머 예배
에 출석하는 25~30%에 해당하는 사람이 예수님을 막 믿
기 시작한 초신자였다.[56] 켈러는 2011년 맥 피어(Mac Pier)
와의 인터뷰에서 개척 초기 리디머 영적 부흥과 성장의
가장 중요한 요인이 '기도'였다고 말한다.[57]

켈러는 회중의 입장에서 이 당시 교회 성장에 기여한
다섯 가지 요소에 대해서도 다음과 같이 말한다. "첫째,
리디머는 복음적 메시지를 교양 있는 방식(educated mode)
으로 전한다. 둘째, 우리는 일상어로 예배한다. 셋째, 우

리는 다른 예배의 형태와 음악 스타일을 제공한다. 넷째, 우리는 사람들의 필요를 채우기 위해 구체적인 사역을 제공한다. 다섯째, 우리는 외로움의 문제를 해결하기 위해 서로서로 연결되게 한다."[58]

1992년

리디머는 1992년 'Hope For New York'을 세운다.[59] 이는 리디머가 자비와 정의 사역을 위해서 세운 비영리 자선 단체이다.[60] 켈러는 그의 설교 가운데, 그리스도인이 가난한 자를 섬기는 것은 십자가에 나타난 은혜에 대한 자연스러운 반응이라고 주장한다. "진실한 믿음을 가진 사람은 어려운 사람을 자신의 삶을 드려 섬기고 돕게 됩니다. 이와 같은 헌신과 봉사는 우리의 믿음이 참 믿음이라는 표식입니다."[61]

'Hope For New York'은 그리스도의 사랑을 보여 줌으로써, 뉴욕에 사는 개인과 공동체가 영적, 개인적, 사회적, 그리고 경제적 안녕을 경험하게 하는 것을 사명으로 한다. 이 단체가 처음 시작할 때 1명의 정직원, 소규모 자원봉사자들, 그리고 3개의 연계 기관뿐이었다. 그런데 2018년 Hope For New York은 1천만 달러의 지원금을 주고 있으며, 40개 넘는 연계 기관과 수백 명의 자원봉사자와 함께 일하고 있다.[62]

1993-96년

1993년 초 켈러는 교회의 성장 속도가 둔화되고 있다는 것과 이에는 두 가지 이유가 있다는 사실을 발견했다. 성장 속도가 둔화된 첫 번째 이유는 예배당 공간이 부족하기 때문이었다. 당시 리디머장로교회는 매 주일 네 번의 예배를 드리고 있지만, 부족한 공간으로 인해 전도가 방해받고 있었다. 이 상황에서 리디머는 새로운 예배 공간을 찾게 되었고, 1993년 봄 헌터 칼리지(Hunter College)의 넓은 강당에서 예배를 드릴 수 있게 되었다. 하지만 새로운 예배당은 이전까지 잘 관리가 되지 않은 상태였고, 예배 참석한 사람들은 여러 모양으로 불편을 겪게 되었다. 또한 강당을 빌려 예배를 드리다 보니, 이전보다 큰 재정지출을 피할 수 없었다. 여러 어려움이 있었지만, 리디머

는 이를 극복하고 다시 전도에 매진할 수 있었다.[63]

리디머장로교회의 성장 속도가 둔화된 두 번째 이유는 켈러가 1993년에 육체적 그리고 정서적으로 탈진했기 때문이다. 1993년까지 리디머가 폭발적으로 성장했지만, 리디머의 리더십은 여전히 켈러에게 집중되었다. 그는 리디머가 행하는 모든 사역을 다 결정해야 했다. 이와 같은 이유로 켈러는 더 이상 모든 스태프들을 적절하게 관리 감독할 수 없었다. 이 상황을 타개하기 위해 리디머는 딕 카우프만(Dick Kaufmann)을 담임 목사(Co-Senior Pastor)와 대등한 자격으로 교회의 운영을 담당할 목사(Executive Pastor)로 고용했다.[64]

카우프만은 대규모로 리디머장로교회 사역 구조를 재조정했고, 이를 통해 켈러가 감당하던 행정적인 일의 부담이 크게 줄어들었다. 그 결과 켈러는 탈진에서 회복될 수 있었다. 켈러에게 집중된 사역 구조를 분산시키기 위해서 카우프만은 아주 단순하고 명료한 원리를 끊임없이 말했다. "당신이 훈련한 사람에게 당신의 일을 맡기고, 당신의 허락 없이 그 일을 할 수 있는 권한도 부여하라!" 이 원리에 의해 리디머 리더들은 결정권자가 되어 교회 사역을 스스로 결정할 수 있었고, 그 내용을 리더십 모임에서 보고만 하면 됐다. 더 이상 허락받기를 기다릴 필요가 없었다. 이렇게 분권화된 교회 사역 구조 덕분에 켈러는 모든 교회 사역에 관여할 필요성이 없었다. 그 결과 켈러는 그가 가장 집중해야 하는 일에 집중할 수 있었고, 교회는 다시 성장하기 시작했다. 1994년 주일 예배 출석이 1,150명이었고 1995년에 1,450이 되었다.[65]

켈러는 리디머를 한 지역에 있는 대형 교회(a mega-church on a location)가 아니라, 여러 지역에 있는 한 교회(a multi-site church)로 만들어야겠다고 생각했다. 교회가 계속 성장하고 있었기 때문에, 켈러는 헌터 칼리지 강당과 함께 새롭게 예배드릴 수 있는 장소의 필요성을 느꼈다. 켈러와 카우프만은 뉴욕 센트럴 공원 주변, 네 지역에 예배 장소를 세울 계획을 했다. 켈러는 네 예배 장소가 리디머의 지교회가 아니라 리디머 자체라고 생각했다. 이렇게 네 예배 장소가 마련되면, 리디머 성도들은 그들이 사는 지역에 있는 리디머에서 예배를 드릴 수 있게 된다. 이는

1 팀 켈러의 삶 : 복음 중심의 삶

관계 전도를 강화할 수 있고, 같은 지역에 사는 신자들과
의 더 친밀한 교제를 가능케 하며, 그들이 사는 지역 사회
를 섬기는 것이 더 용이하게 된다.

또한 이와 같은 여러 지역에 있는 한 교회 모델은 켈러
의 은퇴를 준비하기에도 적절했다. 보통 대형 교회의 담
임 목사가 은퇴하면 그 후임을 찾기가 무척 어렵다. 그런
데 만약 리디머가 여러 지역에 있는 한 교회 모델을 취한
다면, 리디머는 그런 어려움을 겪지 않을 수 있을 것으로
예상되었다. 왜냐하면 켈러가 은퇴한 후, 네 지역에 있는
리디머장로교회는 각각의 담임 목사를 가진 네 개의 다른
교회로 바뀔 수 있기 때문이었다.[66]

1997년

켈러는 여러 지역에 있는 한 교회(a multi-site church) 비
전을 교회 리더, 스태프, 회중에게 발표했고, 이 비전이
실행될 수 있도록 첫 모금 운동을 진행하여, 430만 달러의
헌금을 약속받았다.[67] 이 기금은 또한 리디머교회 개척센
터(Redeemer Church Planting Center)의 설립을 위해서도 사용

됐다. [후에 이 센터의 이름이 '리디머 시티 투 시티'(Redeemer City to City)로 바뀐다. 이를 앞으로 'CTC'라고 부르겠다.] 리디머는 1993년부터 뉴욕과 세계 대도시에 새로운 교회가 개척되는 것을 지원하고 있었지만, 1998년에 이르러서 이 사역에 특화된 '리디머교회 개척센터'를 설립했다. 이 센터는 교회 개척자에게 필요한 훈련과 자료 즉 재정 관리, 멘토링, 그리고 리더십 훈련 등을 제공했다. 이 센터의 도움으로 수많은 교회들이 미국과 세계의 대도시에 세워졌다.[68]

| 9/11 이후 리디머장로교회 |

2001년 9월 11일

리디머는 9/11 테러 사건 이후 엄청난 교회 성장을 경험했다. 9/11 이후 첫 주일에 엄청나게 많은 새로운 사람들이 주일 예배에 참석했다. 9/11 전 리디머 주일 예배는 대략 2,800명이 모였는데, 9/11 이후 첫 주일에 5,400명이 예배에 참여했다. 그날 아침 켈러는 교회 예배당으로 몰려든 사람들에게 "이 예배 마치고 바로 또다시 예배를 드릴 테니 다시 오라."라고 말해야 할 정도였다.[69] 이와 같이 있다면, 현상은 리디머만의 이야기는 아니었다. 다만 다른 점이 있다면, 대부분의 다른 교회들은 9/11 몇 주 후에 원래 예배 출석수로 돌아갔지만, 리디머는 9/11 전보다 800명이 넘는 사람들이 계속 예배에 참여했다는 것이다.[70] 켈러는 이 당시 경험했던 교회 성장에 대해서 다음과 같이 말한다. "2002년의 교회 모임과 예배에는 평상시와 비교했을 때 더 진한 감동과 눈물이 있었다. … 9/11 이후 많은 수의 사람이 리디머에 다니기 시작했고 예수님을 믿게 되었다. 이 당시 전도의 열매가 참 풍성했다."[71]

이 당시 리디머가 다른 교회와 다르게 풍성한 전도의 열매를 경험한 이유가 무엇일까? 여러 이유를 찾을 수 있을 것이다. 트레비스 프리먼(Travis Freeman)은 켈러가 사람들이 9/11에 대한 가진 질문을 복음적으로 해석해 준 것이 한 가지 이유일 수 있다고 주장한다. 그는 다음과 같이 말한다. "9/11에 관한 질문을 가진 사람들이 2001년 9월 16일 주일 리디머 예배에 참여했을 때, 켈러는 그들에게 답을 주었다. 예배에 나온 사람들의 세계관을 고려하고 그들의 질문에 만족스러운 대답을 주는 켈러의 능력은 사람들이 계속 예배에 참여할 수 있도록 이끌었다."[72]

9/11 이후 첫 주일 설교에서 켈러는 요한복음 11장을 본문으로 설교했다. 그 설교에서 켈러는 9/11을 이해하기에 부적절한 두 가지 이야기 틀(two improper story lines)과 타당한 한 가지 이야기 틀(an appropriate story line)을 말했다. 그는 요한복음 11장에서 예수님께서 세 명의 희생자라고 할 수 있는 마르다, 마리아, 나사로를 정죄하지 않으셨다는 사실을 근거해서, 9/11을 이해할 수 있는 첫 번째 이야기 틀(9/11은 하나님이 미국의 죄를 심판하시기 위해 발생된 사건이야.)을 거부했다. 켈러는 또한 "우리는 선이고, 그들은 악이야."라는 두 번째 이야기 틀을 거부하며, 9/11 테러를 감행한 사람들을 악마화하려는 생각에도 동의하지 않았다. 마지막으로 켈러는 예수님께서 "나는 부활이요 생명이니"(요 11:25)를 근거로 9/11을 이해할 수 있는 복음적 이야기 틀(a gospel story line)를 제시한다. 켈러는 다음과 같이 말한다.

1 팀 켈러의 삶 : 복음 중심의 삶

예수님은 다음과 같이 말씀하십니다. "나는 이 죽음을 부활로 바꿀 것이다. 나는 현재의 것을 훨씬 더 위대한 것으로 바꿀 것이다." 예수님의 이 이야기가 바로 복음입니다. 복음적 이야기 틀입니다. 십자가로부터 부활이 나옵니다. 약함으로부터 진정한 강함이 나타납니다. 회개와 우리의 약함을 인정하는 것이 바로 강함입니다. … 이 복음적 이야기 틀에 주목해 봅시다. 뉴욕시장과 정부 관리와 리더들은 "우리는 심판받았습니다."라고 말하지 않습니다. 또한 "우리는 완전한 선이고, 그들은 전적인 악입니다."라고 말하지도 않습니다. 그들은 다음과 같이 말합니다. "이 끔찍한 것으로부터 우리는 더 좋은 것을 만들어 낼 수 있습니다. 죽음으로부터 부활이 옵니다."[73]

요한복음 11장 53절에 의하면, 대제사장과 바리새인들은 예수님이 나사로를 부활시킨 후에 예수님을 죽이고자 계획을 세웠다. 켈러는 이 사실을 근거해서, 나사로를 살리는 유일한 길은 예수님께서 십자가에 달려 죽임당하는 것이라고 주장한다. 즉 켈러에 의하면, 예수님은 나사로를 죽음에서 부활시키면 자신이 십자가에서 죽을 수 있다는 사실을 알면서도 나사로를 부활시켰다. 켈러는 예수님의 이와 같은 선택이 한 가지 사실을 분명히 보여 준다고 주장한다. 즉 하나님께서는 무슨 대가를 치르시든 우리의 고통을 돌보신다는 것이다. 켈러는 다음과 같이 말한다.

우리가 믿고 있는 하나님은 고통과 죽음을 끝내기 원하시는 하나님이십니다. 하나님께서는 이를 위해 이 세상에 오셨고 고통받으시고 죽음을 경험하셨습니다. ⋯ 모든 종교 중에서 오직 기독교만이 하나님께서 자기 아들을 정당하지 않은 공격으로 잃으셨음을 말합니다. 오직 기독교만이 하나님께서 고통받으신다고 말합니다. ⋯ 나는 하나님께서 왜 지금 당장 고통과 악을 끝내지 않으시는지 모릅니다. 하지만 그분이 고통에 기꺼이 참여하고 계시다는 사실은 왜 지금 그분이 고통과 악을 당장 끝내지 않으시는지에 대한 타당한 이유가 있음을 보여 줍니다. 그는 우리로부터 멀리 떨어져 있지 않으십니다. [그는 우리와 함께 고통받고 계십니다.]⁷⁴

2001년 9월 16일 주일 설교 가운데 켈러는 나사로의 죽음과 부활 이야기를 통해, 사람들이 9/11에 대해서 가질 수 있는 다음과 같은 여러 질문에 대해서 답했다. "하나님! 당신은 어디에 계십니까?" "우리는 비극적인 사건을 어떻게 이해할 수 있을까?" "어떻게 우리는 이 비극을 헤쳐 나갈 수 있을까?" "우리는 이 사건을 복음 중심적으로 어떻게 이해할 수 있을까?" 9/11 이후 리디머에 새롭게 참여한 사람들은 켈러의 설교를 들으며, 그들이 9/11에 대해서 가진 질문에 대한 납득할 만한 답을 듣게 되었고, 계속해서 교회에 출석했으며, 예수님을 믿게 되었다. 켈러도 전도적 측면에서 9/11이 가지는 긍정적 영향에 대해서 다음과 같이 말했다. "9/11 이후 5년 동안 내가 사람들에게 당신은 언제 리디머에 참여하게 됐냐고 물으면, 그들 대부분은 9/11 직후라고 대답했다."[75]

2003년

2003년 리디머는 복음이 도시의 문화를 새롭게 변화시킬 수 있고 시켜야 한다는 믿음으로 일과 신앙 센터(Center for Faith and Work)를 출범시켰다. 이와 같은 믿음은 켈러가 리디머에서 전한 그리스도인의 문화 갱신에 뿌리를 두고 있다.[76] 일과 신앙 센터를 본격적으로 출범시키기 위해 리디머는 캐서린 알스더프(Katherine Alsdorf)를 설립과 운영의 책임자(Founder and Executive Director)로 고용했다. 리디머에 오기 전 그녀는 첨단 기술 산업에 속한 일과 신앙을 통합하려고 할 때, 이를 도와줄 수 있는 구체적 안내가 부족하다는 것을 경험했다. 알스더프는 일상 업무에서 복음의 고유한 능력으로 문화 갱신을 일으키는 것이 얼마나 중요한지와 더불어 그것이 매우 어렵다는 사실을 알고 있었다.[77] 일과 신앙 센터는 일과 신앙의 의미 있는 통합을 강조한다. 이 센터의 목적은 교회를 세상과 연결하고 훈련하고 동원하여(connecting, equipping, and mobilizing), 교회가 세상에 효과적으로 참여할 수 있도록 돕는 것이다.[78]

2004년

2004년 가을 리디머의 주일 예배 출석이 대략 4,200명이었고, 이 상황에서 더욱 효과적인 사역을 하기 위해 리디머는 교회 건물이 필요했다. 당시 리디머는 지역 공동체 사역 형성을 위해, 교회 개척을 더 촉진하기 위해, 맨해튼에 건물을 구입하기 위해 비전 캠페인(모금 운동)을 했고, 1,920만불의 헌금을 약속받았다. 리디머는 2006년 말 150 West 83rd Street에 위치한 건물을 살 수 있었다. 또한 리디머는 이 비전 캠페인 헌금으로 리디머교회 개척센터를 크게 확장할 수 있었고, 그 결과 이전과 비교해서 두 배가 넘는 교회를 전 세계에 개척할 수 있도록 도울 수 있었다.[79]

2007년

켈러가 카슨(D. A. Carson)과 복음연합(The Gospel Coalition)[80]
에서 동역하게 된 것은 그의 영향력을 뉴욕과 미국을 넘
어서도록 확대하는 계기가 되었다.[81] 복음연합은 2002년
켈러와 카슨이 맨해튼의 한 카페에서 2004년 목회자 세미
나(Pastor's Colloquium)를 앞으로 어떻게 할 것인가 논의하다
가 시작됐다.[82] 2004년 40명의 목회자가 목회자 세미나에
참여했고, 그들은 서로를 알아가며 함께 기도하면서 시간
을 보냈다. 이 40명의 목회자들은 "개혁주의 전통에서 역
사적이고 고백적인 기독교의 핵심을 회복해야 한다."라는
사실을 깨닫게 된다.[83] 그리고 이는 현재 복음연합의 정신
이 되었다. "복음연합은 예수 그리스도의 복음을 모든 활
동의 중심에 두는 개혁주의 전통의 목회자와 교회들의 모
임이다."[84]

2004년에 함께 모였던 대다수의 목회자 40명은 후에
복음연합 협의회 이사가 되어 복음연합의 근간이 되는 복
음연합의 서문, 신앙고백, 사역을 위한 신학적 비전을 만
들었다.[85] 복음연합의 공식적인 첫 전국 모임은 2007년 트

리니티 신학교(Trinity Evangelical Seminary)에서 열렸다.[86] 켈러는 이 복음연합에 깊이 관련되었고, 이를 통해 그는 미국과 전 세계에 있는 복음주의 리더들에게 그의 신학과 사역을 가르칠 수 있었다.

2008년

켈러는 도시에 사는 불신자를 전도하는 최상의 방법이 새로운 교회를 개척하는 것이라고 주장한다. "나는 도시에 교회를 개척하는 것이 복음 전도의 가장 강력한 전략이라고 믿는다."[87] 이와 같은 켈러의 확신에 근거해서 '리디머 시티 투 시티(Redeemer City to City, CTC)'가 2000년 리디머장로교회의 일부분으로 세워졌고, 2008년 리디머 시티 투 시티는 독립된 비영리 기관이 됐다. 교회 개척을 촉진하기 위해 CTC는 세계 주요 도시에 교회를 개척하려고 하는 리더들을 모집하고, 평가하고, 훈련 및 코칭하고, 자금을 지원한다.[88] CTC는 2000년 설립 이후 전 세계 432개 교회를 설립하고 13,000명 이상의 지도자를 양성하는 데 도움을 주었다.[89]

켈러가 출판한 여러 책들은 그의 영향력을 확장하는
데 크게 기여했다.[90] 2008년 그는 『하나님을 말하다』(*The Reason for God: Belief in an Age of Skepticism*, 두란노, 2017)과 『탕부 하나님』(*The Prodigal God: Recovering the Heart of the Christian Faith*, 두란노, 2016) 두 권의 책을 출판한다. 『하나님을 말하다』는 C. S. 루이스가 했던 것처럼 신앙을 이성적으로 설명하며, 이는 신자뿐만 아니라 기독교에 대해서 의구심을 가진 불신자를 위한 책이다.[91] 이 책은 뉴욕 타임즈 비소설 분야 베스트 셀러 7등까지 올라갔고,[92] 월드 매거진(World Magazine)과 크리스채너티 투데이(Christianity Today)로부터 "올해의 책"이라는 상을 받았다.[93] 이 책의 출판을 통해서 켈러는 "21세기 C. S. 루이스"라는 찬사를 받았고, 기독교 정통 신앙을 매력적이며, 필수적인 것으로 설득력 있게 설명하는 변증가로 알려졌다.[94]

『탕부 하나님』(*The Prodigal God*)은 2008년 11월에 출판되었는데, 이는 뉴욕 타임즈 비소설 분야 베스트 셀러 중 한 권이 되었다.[95] 이 책에서 켈러는 누가복음 15장 11~32절을 본문으로 예수님의 중요한 메시지에 초점을 맞춘다.

그것은 탕부 하나님의 은혜는 방탕한 둘째 아들과 모범적인 첫째 아들 모두를 향했다는 것이다. 그는 하나님의 은혜가 이 책의 핵심이라고 다음과 같이 말한다. "하나님의 은혜는 우리의 가장 큰 소망이고, 우리 삶을 변화시키는 요인이며, 이 책의 주제이다."[96]

2008년 두 권의 책을 출판한 후, 그는 계속해서 매년 책을 출판했다. 그는 의도적으로 책의 출판을 그의 사역 후반부가 될 때까지 지체했다고 한다.

나는 지금 60대입니다. 나는 뉴욕에 20년 있었고, 거의 40년 사역을 했습니다. 나는 의도적으로 책 출판하는 것을 지체했습니다. 내 신학적 사고가 더 원숙해지길 기다렸기 때문입니다. 60대인 나는 이제 다양한 사역의 양상과 신학 주제에 대해서 어느 정도 결론에 도달했습니다. 만약에 내가 30대나 심지어 40대에 책을 썼다면, 나는 앞으로 내 생각이 바뀔 수도 있다는 사실에 두려웠을 겁니다. 또한 나는 기다렸기 때문에, 그동안 더 많은 자료를 모을 수 있었습니다. … 나는 이 이유 때문에 기다렸습니다.[97]

켈러는 그의 생각을 최종적으로 정리하고 충분한 자료를 모으기 위해서, 60대가 되기까지 책을 출판하는 것

1 팀 켈러의 삶 : 복음 중심의 삶

을 기다렸다. 그러나 2008년 이후 그는 그 누구보다 더 많은 책을 출판하고 있다. 2008년에 2권의 책을 출판한 이후 2016년까지 그는 17권의 책을 더 쓴다. 켈러가 출판한 책들은 대중의 큰 관심을 받게 되고, 이를 통해 그는 가장 영향력 있는 복음주의 리더로 인식되고 있다.[98]

2017년

2017년 켈러는 자신이 리디머의 담임 목사에서 은퇴할 것이고, 리디머가 세 개의 교회(동, 서, 타인타운)로 나누어질 것이라고 발표한다. 그리고 각각의 세 교회는 자신들만의 담임 목사, 장로, 리더를 가지기로 한다. 켈러는 이와 같은 분권화된 리디머는 중앙 집권화된 리디머보다 세 가지 측면에서 더 유익하다고 말한다. 첫째, 세 교회는 중앙화된 리디머보다 자신들의 지역 공동체를 더 잘 섬기게 된다. 둘째, 세 교회는 새로운 리더들을 더 잘 세울 수 있다. 셋째, 세 교회는 중앙화된 리디머보다 뉴욕에 훨씬 효과적으로 교회를 개척할 수 있다.[99] 이와 같은 변화는 갑작스러운 변화가 아니라 1997년에 이미 계획된 변화였다.

팀 켈러는 누구인가?

이는 켈러의 은퇴 이후 승계 계획이 아니라, "대형 교회가 되지 않는 비전"의 실현이다.[100]

2

전도(Evangelism)

사람과 하나님의 연결

리디머가 개인의 회심에 초점을 맞춘다는 사실은 리디머장로교회 홈페이지에 잘 나타난다. 홈페이지 첫 화면에는 켈러의 영상이 있는데, 그 제목이 "회의주의자가 환영받는 교회"이다. 이 영상에서 켈러는 불신자와 신자 모두가 서로의 의심과 신앙을 검증할 수 있는 배움의 공동체를 같이 만들어 가자고 제안한다. "저는 신자와 불신자가 함께 배움의 공동체를 만들기를 원했습니다. 저는 불신자와 회의주의자들이 환영받을 수 있는 교회를 세우기 원했습니다. 리디머장로교회가 바로 불신자와 회의주의자가 환영받을 수 있는 그 교회입니다."[1] 리디머장로교회가 개인의 회심에 얼마나 헌신하고 있는지는 리디머의 전도와 예배에 잘 나타난다.

| 전도 철학(Evangelism Philosophy) |

켈러는 포스터모던 시대의 전도는 일회적인 사건 혹은 선포보다는 과정 중심이어야 한다고 주장한다. 그는 포스트모던의 영향 가운데 사람들이 복음을 명확하고 정확하게 이해하기가 어렵게 되었다고 말한다. 비록 그리스도인이 불신자에게 복음을 전한다고 할지라도, 그들의 세계관이 복음을 들을 준비가 되어 있지 않다면 그들은 복음을 이해할 수 없다. 즉 불신자들이 하나님, 죄, 은혜, 믿음을 들었을 때, 그들은 자신들의 세계관으로 이와 같은 용어를 이해하고, 결과적으로 복음을 오해하게 된다.[2] 켈러는 다음과 같이 말한다.

후기 기독교 시대에서 … 사람들은 복음을 이해하기 위한 필수적인 배경지식을 상실했다. 그들은 하나님이 누구신지, 죄가 무엇인지,

예수님이 누구신지, 회개와 믿음이 무엇인지 이해하기 어렵게 됐
다. 이해하지 못하니 복음을 깨닫지 못하고 헌신하지 못한다. 그들
은 복음이 마음에 와닿기까지 수많은 장애물과 신념들과 부딪쳐야
한다.[3]

이와 같은 현실에서 켈러는 불신자가 신자가 되기 위
해서는 두 가지 요소가 필요하다고 말한다. 첫째, 비신자
에게 시간이 필요하다. 비신자는 기독교에 대한 다양한
질문을 표현할 수 있는 시간이 필요하고, 복음을 알기 위
해 성경의 핵심 개념을 이해할 수 있는 시간이 필요하다.
둘째, 비신자는 기독교 공동체가 필요하다. 비신자는 기
독교 공동체의 교제 가운데 복음의 다양한 표현을 경험할
수 있게 된다. 사랑과 은혜라는 추상적인 개념이 공동체
교제 가운데 피부에 와닿게 경험된다.[4] 이 소그룹 공동체
에서 불신자는 소그룹원과 리더를 통해서 하나님, 죄, 은
혜에 대해서 이해하게 된다. 이 과정 가운데 그들이 가진
다양한 의심들이 해결되고, 그들은 예수님을 구원자와 주
님으로 영접하게 된다.[5]

켈러는 불신자가 회심하기까지의 과정을 네 단계로 나

누어 설명한다. 첫 단계는 이해의 단계이다(intelligibility).
D. A. 카슨은 이해의 단계를 "세계관 전도"라고 불렀다.[6]
첫 단계에서 불신자는 하나님, 죄, 은혜 등 기독교의 핵
심 진리를 이해하게 된다. 두 번째 단계는 신뢰의 단계이
다(credibility). 이 단계는 변증의 과정으로 불신자가 기독
교에 대해서 가지는 의심들과 질문들이 합리적 사실에 근
거한 주장이 아니라, "대체 가능한 믿음에 근거한 주장들
(alernate faith-assertions)"임을 보여 준다.[7] 세 번째 단계는 타
당성의 단계(plausibility)로 상황화(contextualization)를 하는 단
계이다. 이 단계의 초점은 불신자가 가지고 있는 소망과
갈등이 예수 그리스도 안에서 해결될 수 있음을 보여 준
다.[8] 마지막 단계는 결신의 단계로(intimacy), 불신자가 예
수님을 구원자와 주님으로 영접한다.[9]

이와 같은 전도 철학을 근거로 켈러는 전도 방법론의
다양한 약점을 지적한다. 빌리 그레이엄 전도 집회와 같
은 대규모 전도 집회는 새로운 신자를 지역 교회와 연결
하기 어렵다는 단점이 있다. 전도폭발과 같이 평신도를
전도 훈련하는 모델은 오직 소수의 신자만을 훈련한다는

문제가 있다. 알파 코스와 같이 매주 집에서 만나는 방법은 오직 불신자가 기독교 신앙과 믿음에 익숙할 때만 효과적이다. 만약 불신자가 기독교와 친숙하지 않다면, 그들이 12주 동안 모임에 나올 확률은 아주 희박하다. 여러 전도 방법론의 심각하고 일반적인 문제점은 그들이 전도의 첫 단계(이해의 단계)에서 마지막 단계(결신의 단계)로 몇 분 만에 나아간다는 것이다. 이렇게 짧게 결신을 예상하는 이유는 비신자가 성경 지식을 가졌을 것이라고 가정하기 때문이다. 즉 기존의 다양한 전도 방법론은 무신론자가 신자로 되는 과정을 무시하고 있다.[10] 켈러는 다음과 같이 말한다.

> 전도 방법론은 사람이 예수님을 믿고 따를 것을 결단하는 데에 목표가 있다. 그러나 우리는 전도 방법론에 따른 결단들이 너무 쉽게 사라지고 삶의 변화로 연결되지 못한다는 사실을 경험적으로 알고 있다. 왜 그런가? 그 결심이 진정한 회심이 아니었기 때문이다. 그 결심은 하나님을 찾는 여정의 시작이었을 뿐이다. 물론 어떤 결단은 분명 회심을 일으키기도 한다. 그러나 모든 사람에게 동일하지 않다. 많은 사람들은 조그만 결정의 연속된 과정 가운데 온전한 믿음에 도달하게 된다. 지속적으로 예배하며 목양 공동체에 속해 있

는 사람이 복음을 들을 때에만 생명력 있는 구원 얻는 믿음에 도달할 수 있다. 기독교에 대해 질문하는 자와 회의주의자를 포용하고 지원하지 않는 교회에 접목된 전도 프로그램은 진정한 회심을 일으키기 어렵다 … [세상에] 필요한 것은 더 많은 전도 프로그램이 아니라 훨씬 더 전도적인 교회들이다.[11]

따라서 켈러는 이 세상에 필요한 것은 단지 전도 방법론이 아니라 전도 다이나믹으로 꽉 채워진 전도적인 교회(evangelistic church)라고 말한다.

| **전도 다이나믹(Evangelism Dynamic)** |

켈러는 교회에 전도 문화(다이나믹)가 없다면, 포스트모던 세상에서 전도 방법론은 효과적이지 않다고 말한다.[12] 전도 방법론에 대한 켈러의 지적은 켈러가 전도 방법론의 가치를 평가 절하한다는 것을 의미하지 않는다. 켈러는 방법론이 아니라, 전도 문화를 가진 교회의 중요성을 강조하고 있다. 켈러는 한 교회가 전도 문화로 채워져 있다면, 전도 방법론은 효과적일 수 있음을 인정한다.[13] 중요한 것은 방법론 자체가 아니라, 어떤 교회가 그 방법론

을 사용하느냐이다. 교회에서 전도 문화를 창출하기 위해서 켈러는 네 가지를 제시한다. 실천적 전도 신학, 전 성도 말씀 사역, 관계적 신실성, 그리고 단계적 전도 접촉점 개발이다.

1) 실천적 전도 신학

실천적 전도 신학이란 복음이 어떻게 전도 중심 삶에 영향을 미치는지를 설명하는 것이다. 켈러는 이를 네 가지로 설명한다. 첫째, 복음은 우리 안에 있는 교만을 제거한다. 왜냐하면 우리는 은혜로만 구원받았기 때문이다. 만약 우리가 구원에 있어서 무엇인가 기여를 했다면, 우리는 교만할 수 있다. 그런데 복음은 우리에게 분명히 말한다. 우리는 우리의 공로가 아니라, 그리스도의 공로로 말미암아 은혜로 구원받았다. 따라서 그리스도인은 교만할 수 없다.[14] 그런데 많은 신자가 불신자 앞에서 교만하고, 그 교만한 마음은 다음과 같은 말에 표현된다. "나는 맞고, 당신은 틀렸습니다. 나는 이 사실을 당신에게 정말 말해 주고 싶습니다."[15] 이와 같은 말에는 어떤 겸손도 보이지 않는다.

둘째, 켈러는 복음이 우리 안에 있는 두려움을 제거한다고 주장한다. 오늘날 세상에 살아가고 있는 사람은 다른 사람이 나를 어떻게 생각할까에 몰두하는 경향성이 있다. 이와 같은 영향 아래에 신자조차 다른 사람이 자신을 거부하고 무시할 것을 염려한다. 만약 신자가 정말로 복음을 이해한다면, 그들은 더 이상 다른 사람의 인정에 목마를 필요가 없다. 불신자가 신자를 (전도에 열심인) 광신도로 여기는 것에 대해서 두려워하지 않아도 괜찮다. 켈러는 다음과 같이 말한다. "복음 안에서 하나님께서 당신을 인정해 주신 것이 그 어떤 다른 사람의 인정보다 당신 마음에 와닿을 때, 당신은 다른 사람의 말에 신경 쓰지 않을 수 있다."[16] 이와 같은 맥락에서 만일 우리가 복음 전도의 과정을 여전히 두려워하고 있다면, 아직도 복음이 우리 마음에 와닿지도, 우리를 변화시키지 않고 있음을 보여 준다.[17]

셋째, 켈러는 복음이 비관주의를 제거한다고 주장한다. 전도를 망설이는 신자의 흔한 변명은, "저 사람은 절대 예수님을 영접하지 않을 거야."이다. 그러나 로마서 3장 10절은 신자와 불신자를 포함해서 누구도 하나님을 찾지 않는다고 말한다. 이 말은 신자조차도 자신의 힘이 아닌, 하나님의 은혜로 구원받았다는 사실을 보여 준다. 따라서 "저 사람"도 주님께서 구원하실 수 있다. 복음의 빛 아래에서 복음 전도를 할 때 비관주의가 있을 공간은 없다.[18]

넷째, 복음은 무관심과 나태를 제거한다. 복음은 신자에게 소망과 기쁨을 허락한다. 신자들은 그들 마음에 허락된 기쁨으로 인해서 불신자에게 무관심할 수 없고, 영혼을 섬기는 것에 게으를 수 없다. 켈러는 사역자가 성도에게 복음이 교만, 두려움, 비관주의, 무관심을 제거한다고 계속 강조하여 가르칠 것을 제안한다. 그 이유는 이 네 가지가 복음 전도의 가장 흔한 장벽이기 때문이다. 다시 말해, 이 네 가지가 복음으로 다뤄지지 않으면, 신자는 복음 전도를 하지 않게 된다. 복음이 이 네 가지 문제의 유일한 해결책이다. 따라서 사역자는 복음이 신자의 마음에 와닿고 이 네 가지 문제를 뛰어넘어 복음 전도를 할 수 있

도록, 신자에게 복음을 계속 전하고 가르쳐야 한다.[19]

2) 전 성도 말씀 사역(Every-member Word ministry)

켈러는 "전 성도 말씀 사역"이 교회 안에서 전도 문화를 촉진할 수 있다고 주장한다. 켈러는 "전 성도 말씀 사역"이 "하나님의 말씀과 복음을 다른 사람의 마음에 연결하는 것"이라고 정의한다.[20] 만약 신자가 이것을 다른 신자에게 행한다면, 이를 통해 다른 신자는 영적인 성장을 경험한다. 만약 신자가 이것을 불신자에게 행한다면, 이를 통해 신자는 불신자에게 복음을 전하게 된다. 켈러는 "전 성도 말씀 사역"의 의미를 분명하게 하기 위해 리디머 장로교회의 구체적 예시를 제공한다.

제니는 교회 소그룹에 참여하기 시작했다. 그녀는 교회에서 자랐지만, 의심과 질문이 무척 많았다. 그녀의 소그룹 리더 베스는 제니와 일대일로 만나기 시작했다. 그들은 성경을 공부하고, 제니의 질문을 다루는 책들을 하나씩 읽기 시작했다.

캐더린은 그녀의 친구 메간을 위해서 몇 달 동안 기도했다. 캐더린은 메간에게 기독교 신앙에 대한 얇은 책 두 권을 선물했는데, 메간이 읽고 흥미 있어 했다. 캐더린은 메간을 전도 모임에 초대했고, 메간과 함께 그 모임에 참여했다. 그 모임에서 메간은 기독교의 진리에 대해서 들을 수 있었다. 모임에서 돌아오는 길에 캐더린은 메간이 모임 참석 후 갖게 된 질문에 성심껏 답했다.

케리와 두 그리스도인 친구들은 모두 어린 자녀가 있는 엄마들이다. 이들은 낮에 모이는 엄마 모임을 만들기로 하고, 그 모임에 불신자 친구들을 초대하기로 한다. 1년 동안 이 그룹은 비슷한 숫자의 그리스도인과 비그리스도인이 참여하는 모임으로 성장한다. [21] 이 모임에서 대화는 매우 일상적이며 유동적으로 신앙, 결혼, 자녀 양육, 개인적인 주제들에 관해서 이야기한다. 시간이 흘러 몇 명의 불신자 친구들이 신자들과 함께 교회에 가기 시작하고 믿음을 갖게 되었다. 3년 후 이 모임은 성경공부 모임임에도 불구하고, 정규적으로 참여할 수 있는 불신자들에게 여전히 열려 있으며 포용적이다.[22]

켈러에 의하면 "전 성도 말씀 사역"은 네 가지 특성을 보인다. 첫째, 이 사역은 즉각적으로 발생하기 때문에 유기적이다. 비록 이 사역이 때때로 교회 안에서 공식적으로 계획된 형태로 나타나지만, 대부분 이 사역은 비공식적, 개인적으로 나타난다. 둘째, 이 사역은 관계 중심적이다. 이 사역은 신자들의 개인적인 교제권 안에서 일어난다. 셋째, 이 사역은 말씀 전달적이다. 신자는 기도하며 말씀과 복음을 그들의 교제권 안에 있는 사람들에게 전한다. 넷째, 이 사역은 수동적이지 않고 적극적이다. 켈러가 말한 예들에서 신자는 사역의 소비자가 아니라 생산자가 되기 위해 기꺼이 책임을 지려는 모습을 보여 주었다.[23]

켈러는 교회 안에서 최소 15~30%의 사람들이 유기적, 관계적, 말씀 선포적, 적극적인 평신도 말씀 사역에 참여하고 있다면, 전도 중심 문화가 교회에 만들어질 것이고, 이 문화는 온 교회를 적극적인 훈련과 전도에 매진하도록 만들 것이라고 했다.[24] 켈러는 다음과 같이 말한다.

> 평신도 사역자들은 신자와 불신자 모두를 상담하고, 격려하고, 지도하고, 제자 훈련하고 증거한다. 이들이 다른 사람의 삶에 깊이 관여함으로써, 다른 사람은 믿음을 가지게 되며, 은혜 안에서 성장하게 된다. 이 평신도 사역자에 의해서 섬김을 받는 사람 중에 일정 비율의 사람이 또한 평신도 사역에 헌신하게 되고, 교회는 양과 질적으로 성장하게 된다.[25]

3) 관계적 신실성(Relational Integrity)

켈러는 신자가 관계적 신실성을 증대시킬 때 교회 안

에서 전도 중심 문화가 생겨날 수 있다고 말한다. 켈러는 관계적 신실성을 같음, 다름, 참여의 세 가지 의미로 설명하며 다음과 같이 말한다. "만일 우리가 우리 주변에 있는 사람들과 같고, 또한 완전히 그들과 다를 때, 우리는 복음으로 그들에게 영향력을 끼칠 수 있다. 우리가 줄곧 사람들 속에 있고 눈에 띄게 그들의 삶에 참여하고 있다면 말이다."[26]

① **같음:** 신자가 불신자와 같다는 것을 통해 불신자는 기독교 신앙이 자신이 살고 있는 세상과 관련되어 있다고 생각한다. 이와 같은 '같음'을 통해서 불신자는 자신이 만약 그리스도인이 된다면, 그 모습이 어떤 모습일지를 그려볼 수 있다.

② **다름:** 신자가 불신자와 다르다는 것을 통해 불신자는 기독교 신앙에 대해서 흥미를 느끼게 된다. 이는 마치 초대 교회 시대에 성도의 '다름'이 이방인들에게 매력적으로 다가간 것과 같은 맥락이다. 초대 교회 성도들은 박해 가운데도 가난한 사람을 도왔고, 신실성을 지키며, 원수까지도 사랑하는 삶을 살았다. 초대 교회 성도들의 다른

삶은 당시 불신자들이 기독교 신앙에 관심을 두게 하는 요인이 되었다.[27]

③ **참여**: 켈러의 관점에서 이웃에게 '참여'한다는 것은 그리스도인이 그들의 이웃이나 동료들과 피상적인 관계를 맺기 위해 노력한다는 말이 아니다. 켈러가 말한 참여는 관계를 맺기 위한 노력뿐만 아니라, 그들 안의 영적인 필요에 대해서 진지하게 생각하고 그들을 위해 기도하는 것을 의미한다.[28]

켈러는 평신도의 관계적 신실성을 촉진하기 위해 목회자가 평신도와 개인적인 관계를 깊게 맺어야 한다고 주장한다. 전 성도 말씀 사역에는 동기 부족, 열정 부족, 능력과 지식 부족 등 평신도가 감당하기 어려운 장벽이 무척 많이 있다. 하지만 평신도가 목회자와 개인적으로 친밀한 관계를 맺고 있다면, 그 어려움을 극복할 수 있다. 켈러는 평신도와의 친밀한 관계성이 대중적인 강의를 통해서는 생겨나지 않고, 목회자의 사적인 조언과 개인적인 대화를 통해서 생성된다고 이야기한다. 또한 목회자는 자신의 관계적 신실성을 평신도 지도자와의 개인적인 관계 가운데 보여 주어야 한다. 목회자가 불신자를 위해서 희생하고, 그들을 위해 기도하고, 믿음을 나누는 모습을 통해서 평신도 지도자는 자신이 불신자 친구들에게 어떻게 다가가야 하는지 이해하게 된다.[29] 목회자 모범의 중요성에 대해서 켈러는 다음과 같이 말한다. "목회자 혹은 교회 지도자가 수동적인 평신도를 용감하고 은혜로운 평신도 지도자로 변화시킬 때 가장 중요한 것은 바로 자신의 명확한 거룩함이다."[30]

4) 단계적 전도 접촉점 개발(Developing Evangelistic Pathways)

켈러는 다양한 전도 접근 방법을 개발할 때, 교회에서 전도 중심 문화가 생겨날 수 있다고 말한다. 리디머장로교회는 유기적, 관계적, 비공식적 전도를 강조한다. 그러나 리디머는 또한 비그리스도인에게 복음을 전할 수 있는 공식적인 활동과 사역도 행하고 있다. 리디머가 공식적으로 하는 전도 사역을 켈러는 일곱 단계로 나누어 설명한다.

1단계: 지역 사회 섬김 프로젝트다. 이 프로젝트를 할 때 복음은 아직 선포되지 않는다. 다만 참가자는 교회가 이 프로그램을 주최하고 있다는 사실 정도를 알게 된다.

2단계: 다양한 관심을 가진 사람들이 모일 수 있는 행사이다. 이 행사 가운데 기독교가 긍정적으로 묘사된다. 예를 들어 한 사람이 자신의 삶을 설명하거나, 자신이 어떻게 그리스도인이 되었는지 나눈다.

3단계: 조금 더 구체적인 관심을 가진 사람이 모인 행사다. 예를 들어 엄마의 모임, 사업가의 모임 혹은 같은 전공을 가진 학생의 모임일 수 있겠다. 이 모임에 참여한 사람들은 같은 분야에 있는 다른 사람들에게 관심이 있다. 이와 같은 공통된 관심사를 통해 그리스도인은 비그리스도인과 교제할 기회를 얻게 된다.

4단계: 그리스도인과 비그리스도인에게 말할 수 있는 동일한 시간이 주어지고 기독교 신앙에 관해서 토론할 수 있는 행사이다.

5단계: 기독교 신앙을 반대하는 것에 대해서 답하는 행사이다. 불신자가 기독교에 대해서 가지는 질문과 반대에 대해서 기독교인이 대답한다.

6단계: 불신자가 정기적으로 교회 행사나 예배에 참여하는 단계이다. 이 단계에서 불신자는 기독교에 관심이 있고 참여하길 원한다. 이 단계에서 불신자는 이미 마음의 문이 많이 열렸다.

7단계: 복음을 선포하는 단계이다. 전통적인 전도가 이 단계에서 나타난다. 대부분의 전도 프로그램, 예를 들어 '전도폭발'과 '사영리'는 이 마지막 단계에만 초점을 맞춘다.[31]

켈러는 7단계의 토대가 있다고 강조하여 말한다. 이 토대는 7단계의 근간으로, 오직 불신자와 관계를 형성하기 위해서 노력하는 사람에 의해서만 세워진다.[32] 바꾸어 말하면, 교회에서 아무리 공식적인 전도 행사를 준비하더라도, 교회 안에서 전도 중심 문화를 만들어 줄 수 있는 평신도 지도자가 없다면 그 행사들이 소용없을 수 있다는 것이다. 즉 교회에서 전도 중심 문화를 만들 수 있는 실천적 전도 신학, 전 성도 말씀 사역, 관계적 신실성이 교회가 행하는 공식적인 행사와 프로그램보다 더 중요할 수 있다.

| 복음 전도의 두 가지 측면 |

켈러는 복음을 전하는 것에는 두 가지 측면이 있다고 주장한다. 첫 측면은 기독교 변증(aplogetics)이고, 다른 측면은 상황화(contextualization)이다.[33]

1) 변증적 접근 방식[34]

켈러는 기독교 변증이 복음을 전하는 두 가지 측면 중

한 측면이라고 이야기한다. 그에 의하면, 기독교인은 전도하기 위해서 변증 과정을 피할 수 없다. 그 이유는 후기 기독교 시대에 살고 있는 사람은 성경적 관점을 무가치하게 여기거나 부정하기 때문이다. 따라서 불신자는 자신이 왜 복음을 믿어야 하는지에 대한 이유를 알고 싶어 한다. 그리스도인이 자주 범하는 실수 중 하나는 그들이 복음을 전하고 나서 "왜(Why question) 믿어야 하냐?"라는 질문에 대답할 필요성을 느끼지 못한다는 것이다. 이에 대해서 켈러는 다음과 같이 말한다.

> 기독교 변증은 당신이 불신자에게 "무엇을(What question) 믿어야 하느냐?"에 대한 답으로부터 이어지는 "왜(Why question) 그것을 믿어야 하느냐?"에 대한 대답이다. … 당신이 불신자에게 복음을 믿으라고 이야기하면, 그들은 "왜(Why question) 내가 복음을 믿어야만 합니까?"라고 질문한다. 이때 당신에게 필요한 게 바로 기독교 변증이다. 나는 수많은 그리스도인이 불신자가 'Why question'을 물을 때, 다시 'What question'으로 대답하는 것을 봤다. [그들은 불신자의 'Why question'에 대해서] "예수님이 하나님의 아들이기 때문에 당신은 믿어야 합니다."라고 답한다.[35]

불신자가 복음을 믿을 수 있는 근거를 제시하기 위해서, 켈러는 불신자가 기독교를 반대하고 있는 근거 역시 믿음임을 보여 준다.[36] 즉 기독교에 대해서 회의적인 사람도 사실 혹은 진리에 근거해서 기독교에 대한 질문을 던지는 것이 아니라, 그들의 믿음에 근거하고 있을 뿐이다. 켈러는 사실(fact)을 다음 두 가지로 정의한다. "어떤 것이 모든 사람에게 자명한 것 [예를 들어 길에 돌이 있다.] 혹은 자명하지는 않더라도 과학적으로 입증 가능한 것."[37] 어떤 주장이 위 두 정의를 만족시키지 못한다면, 그 주장은 사실이 아니라 믿음이다. 켈러는 이 생각을 여러 예와 함께 설득력 있게 설명한다.

> 만약 어떤 사람이 "나는 그것이 이성적이거나 경험적으로 증명되어야만 믿을 거야."라고 말한다면, 그 사람은 자신의 주장이 믿음임을 깨달아야 한다. 이 '증명 원칙'은 합리적 혹은 경험적으로 증명될 수 없고, 결국 이 원칙조차도 주장일 뿐이고 논증(argument)이 될 수 없다. 또한 당신이 이성적 혹은 경험적으로 증명하지 못하는 것들이 세상에 참 많다. 당신은 나에게 당신이 사람이라고 꿈꾸고 있는 나비가 아니라는 사실을 증명할 수 없다. [영화 <매트릭스>를 보지 못했는가?] 당신은 당신이 믿고 있는 대부분을 증명할 수 없

다. 따라서 당신은 최소한 당신의 삶이 믿음에 근거하고 있다는 사실을 인정해야 한다.[38]

켈러의 변증 접근 방식은 불신자가 기독교인보다 자신의 믿음에 대한 정당성이 적다는 것을 깨닫게 하는 것에서 시작한다. 이와 같은 켈러의 접근 방식은 다음을 의미한다. **기독교 믿음을 의심하는 것조차도 믿음에 근거한다.**[39] 켈러는 회의주의자가 가진 자신의 믿음에 대해 합리적인 논증을 제공할 수 없는 상황에서 기독교 신앙에 대해서만 합리적인 논증을 요구하는 것은 공평하지 않다고 말한다. 켈러는 자신의 논지를 다음과 같이 말한다. "만약 당신이 어떤 믿음에 근거해서 기독교를 의심하는지를 정확히 알게 된다면, 그리고 만일 당신이 기독교인에게 요구했던 믿음의 증거만큼 당신 자신의 믿음에 대한 증거를 찾는다면, 당신이 기독교에 대해서 가지고 있던 의심이 처음 생각했던 것만큼 견고하지 않다는 사실을 발견할 것이다(My thesis is that if you come to recognize the beliefs on which your doubts about Christianity are based, and if you seek as much proof for those beliefs as you seek from Christians for theirs—you will

91

2 전도(Evangelism) : 사람과 하나님의 연결

discover that your doubts are not as solid as they first appeared). "[40]

즉, 켈러는 불신자가 기독교를 공정하게 의심하기 위해서는 기독교에 대한 그들의 의심을 먼저 의심해야 한다고 주장한다.[41]

2) 상황화(Contextualization)

상황화의 필수성

켈러는 상황화가 복음을 전하는 두 가지 측면 중 한 측면이라고 이야기한다.[42] 켈러는 복음을 한 문화 안에서 전하려면, 상황화가 필수적이라고 주장한다. 켈러는 상황화의 필수성을 D. A. 카슨의 주장을 인용하여 강조한다.[43] 카슨은 다음과 같이 말한다. "인간이 표현할 수 있는 어떤 진리도 문화를 초월하는 방식으로 표현될 수 없다. … [그러나] 이 사실은 진리가 문화를 초월할 수 없다는 의미는 아니다."[44]

켈러는 카슨의 주장이 두 가지 핵심 사이의 중요하고 건강한 조화를 이뤘다고 말한다. 첫째로 카슨의 주장은

팀 켈러는 누구인가?

문화 없이 복음을 전하는 방법이 있을 수 없다는 사실을 보여 준다. 모든 언어가 이미 문화적 유산이기 때문에, 복음을 언어로 제시한다는 것 자체는 문화적 영향력을 내재하고 있다. 따라서, 복음을 충실하게 전하기 위해서 상황화는 필수적이다. 둘째로 카슨의 주장은 절대적인 복음, 즉 문화의 영향을 받지 않는 진리가 있다는 사실도 보여 준다. 카슨의 주장 앞부분은 모든 사람에게 복음을 전달할 수 있는 보편적인 방식이 없다는 사실을 보여 주었다. 뒷부분은 복음 메시지 자체가 문화와 상관없는 보편적인 진리라는 사실을 보여 준다.[45] 이와 같은 상황에서 켈러는 독특한 문화 가운데 있는 죄인에게 변하지 않는 복음을 전하기 위해서는 상황화가 필수적이라고 주장한다. 그는 2014년 9월 리디머장로교회 설립 25주년을 축하하며 다음과 같이 말했다.

리디머장로교회는 똑같기 위해서 계속 변해야만 합니다. 만일 우리가 과거처럼 계속해서 예수 그리스도를 설득력 있는 방식으로 뉴욕 사람들에게 전하길 원한다면, 우리는 변해야만 합니다. … [하지만 동시에] 기독교 신앙의 핵심과 복음은… [언제나 동일하고] 오

93

2 전도(Evangelism) : 사람과 하나님의 연결

고 오는 세대 가운데 우리를 하나로 묶을 겁니다. 따라서 [우리] 교회는 "다르지만 같아야 합니다." [우리의] 핵심은 같아야 하고 그러나 동시에 다른 문화에 맞춰서 다른 형태의 옷을 입어야 합니다.[46]

상황화의 정의

켈러는 상황화에 복음의 진리를 보존하는 것과 비본질적 언어와 문화를 수용하는 것, 두 가지 측면이 있다고 주장한다.[47] 이와 같은 켈러의 이해는 그가 정의한 상황화에 다음과 같이 잘 나타난다.

[상황화는] 복음을 새로운 문화로 성육신하는 과정이다. 상황화는 우리가 특정한 세계관을 가진 사람들에게 복음을 이해할 수 있는 방식으로 전하는 과정이다. 이것은 복음의 메시지를 훼손하지 않으면서 한 문화에서 다른 문화로 복음을 적용하는 것이다. 따라서 진정한 상황화에는 문화에 도전하는 것과 문화에 적응하고 연결하는 것 모두가 필요하다. 왜냐하면 우리가 둘 중 하나에 실패하면 우리는 복음을 새로운 문화 혹은 이전 문화와 너무 동일시하게 되고, 결과적으로 복음을 모호하게 하거나 잃어버리게 된다.[48]

위와 같은 켈러의 정의는 상황화가 복음 메시지를 수

정하는 것에 관심이 없고, 새로운 문화에 있는 청자가 복음을 명확하고 정확하게 이해할 수 있도록 문화의 옷을 입는 것에 초점이 있다는 사실을 보여 준다. 즉 켈러에게 있어서 상황화의 목적은 불신자가 듣고 싶은 메시지를 듣게 해 주는 것이 아니라, 그들이 들어야 하는 메시지, 곧 하나님의 말씀을 명확하고 정확하게 듣게 하는 것이다. 이와 같은 맥락에서 켈러는 다음과 같이 말한다. "복음이 청자를 도전하고 그들에게 울림이 있게 하기 위해서, 새로운 방식으로 전달되어야 한다."[49]

상황화의 방법

켈러는 실천적인 상황화를 위해 다음의 세 가지 방법을 제시한다.

첫째, 상황화는 '순서'의 문제이다. 그에 의하면 어떤 기독교 교리는 다른 교리보다 더 근본적(fundamental)이다. 예를 들어, 신자는 불신자가 예수님의 신성조차도 믿지 못하는 상황에서 그들에게 예수님의 재림을 믿으라고 압박해서는 안 된다. 불신자에게 덜 근본적인 교리를 납득시키기 위해서, 신자는 먼저 좀 더 기본적인(basic) 교리에 초점을 맞춰야 한다. 그다음에 켈러는 신자에게 기본 교리들 중에서 특정한 문화에 더 설득적으로 보이는 교리가 무엇인지 찾아보라고 말한다.[50] 하나님의 보편적 은총 덕분에, 어떤 믿음은 한 문화에 더 설득력이 있을 수 있다. 켈러는 좀 더 설득력 있는 교리를 A 교리라고 부르고, 설득력이 떨어지는 교리를 B 교리라고 부른다. 켈러는 신자가 A 교리를 근거로 B 교리를 불신자에게 전하는 것이 더 효과적이라고 말한다.[51] 켈러는 자신의 접근 방식을 자세하게 다음과 같이 설명한다. "일반적으로 효과적인 대화에서 당신은 좀 더 설득력 있는 교리를 안전 자산으로 먼저 말해야 한다. 그리고 나서 당신은 청자가 동의한 그 교리를 사용해서 청자를 좀 더 납득하기 어려운 교리로 이끌어야 한다. 그리고 첫 번째 교리를 동의한 청자가 두 번째 교리를 받아들이지 않는 것이 모순임을 보여 줘야 한다."[52] 켈러에게 있어서 상황화는 순서의 문제다. 더 기본적인 교리 먼저, 그리고 그다음으로 더 설득력 있는 교리가 따라와야 한다.

둘째, 상황화는 '강조'의 문제이다. 켈러는 성경이 근본적인 교리를 다양한 주제들로 설명하고 있다고 말한다. "성경은 죄를 다양한 방식과 이미지로 이야기하고, 십자가의 의미를 다양한 방법으로 설명한다."[53] 예를 들어 성경은 다양한 대속의 이미지를 제공한다.

① **전쟁의 이미지:** 그리스도께서 우리를 위해 사탄을 정복하셨다.
② **출애굽의 이미지:** 그리스도께서 우리를 위해 추방되셨고, 그 결과 추방당해 마땅한 우리가 돌아올 수 있었다.
③ **성전 이미지:** 예수님께서 우리를 거룩한 하나님 앞에서 온전하게 만들기 위해 최종적인 제물이 되셨다.
④ **법정 이미지:** 그리스도께서 우리가 짊어져야 하는 죄책과 형벌을 대신 당하셨다.[54]

그리스도인은 성경에 나타난 모든 대속의 의미를 가르칠 필요성이 있다. 하지만 복음을 제시하며 가장 설득력이 떨어지는 이미지로 불신자와 이야기하는 것은 지혜롭지 못하다. 켈러는 이에 대해 다음과 같이 말한다.

[어떤 사람은] 다양한 이미지 가운데 우리가 선호하는 이미지를 택

하고 다른 것은 무시할 수 있다고 생각하는데, 이는 틀린 생각이다. 대속을 전달하는 다양한 이미지는 영감으로 기록된 성경의 한 진리를 드러내며, 다른 이미지가 설명할 수 없는 우리 구원에 대한 놀라운 측면을 선명하게 드러낸다. 각 대속의 이미지는 특정한 기질과 문화에 속한 사람에게 더 울림 있게 다가갈 것이다. 억압과 노예제와 싸우면서 자유를 갈망하고 있는 사람은 전쟁과 시장 이미지에 더 잘 반응할 것이며, 죄책감과 수치심에 대한 안식을 찾고 있는 사람은 [성전과 법정 이미지]에 더 잘 감동할 것이다.[55]

켈러의 주장은 그리스도인이 하나님의 말씀 전부를 가르쳐야 할 뿐만 아니라, 특정 문화에 더 잘 연결되고 울림이 있는 성경의 이미지와 주제를 강조해야 하다는 사실을 보여 준다. 이런 의미에서 켈러에게 있어서 상황화는 강조의 문제이다.

셋째, 켈러는 상황화가 "들어가서, 도전하고 재설정하는 단계(enter-challenge-reestablish approach)"를 따른다고 주장한다.[56] 상황화의 첫 단계는 **문화로 들어가는 것**이다. 이것은 그리스도인이 문화를 이해하기 위해서 노력한다는 것을 의미한다.[57] 문화를 이해한다는 것은 두 가지 양상, 곧 문화에 잠기는 것과 분별하는 것으로 설명할 수 있다.

문화에 잠긴다는 것은 신자가 자신이 복음을 전하기 원하는 사람과 같아진다는 것을 의미한다. 이 과정을 통해서 신자는 불신자가 가진 열망, 소망, 두려움을 불신자들보다 더 분명하게 설명할 수 있게 되고, 따라서 신자는 불신자에게 신뢰를 얻게 된다. 문화를 분별한다는 것은 불신자의 문화적 가치 가운데 성경적 가치 및 세계관과 비슷한 것을 부분적으로 수용한다는 것을 의미한다.[58] 그리고 이를 통해서 신자는 불신자에게 설득력 있는 A 교리가 무엇인지, 그리고 불신자들에게 공격적인 B 교리가 무엇인지 분별할 수 있게 된다.[59]

상황화의 두 번째 단계는 **문화에 도전하는 것**으로 이것은 그리스도인이 '상황화의 순서와 강조의 원리'에 근거해서 문화에 도전한다는 것을 의미한다. 문화에 도전하는 주 초점은 다음과 같다. 만약 A 교리를 인정하고 B 교리를 부정하는 불신자가 있다면, 신자는 A 교리를 인정하면서 B 교리를 부정하는 것이 논리적 모순임을 보여 주고, B 교리까지 인정하게 한다.[60] 켈러는 이와 같은 경우에 적용되는 예로 인권을 사용한다.

일반적인 대학생은 무신론자가 아니라 불가지론자에 가깝다. 그들은 사람은 신이 있는지 없는지 알 수 없다고 생각한다. 그런데 그들은 가난한 사람을 굶기고 억압하는 것은 잘못된 것이라고 분명하게 말한다. 그러나 만약 세상을 창조한 신은 없고 우리가 약육강식으로 진화됐을 뿐이라면, 이 상황에서 그 대학생은 인권을 존중하라고 다른 사람에게 요구하기가 무척 어렵다. … 당신이 이와 같은 사례를 대학생에게 제시한다면, 당신은 대학생 생각의 틀을 깨뜨리고 있는 것이다.[61]

이 예시에서 켈러는 A 교리(인간은 존엄한 인권을 가진다)를 근거해서 B 교리(창조주 하나님이 존재한다)도 인정하게 만드는 사례를 만들었다. 창조주 하나님이 존재하지 않는다면, 인류는 불신자가 가치 있게 여기는 인권을 가질 수 없다. 왜냐하면 창조를 부정하고 세상을 이해하려면 진화를 따라야 하는데, 진화는 약한 것이 도태되어야 한다는 가정을 전제하고 있기 때문이다. 진화론에 따르면 약한 것을 도태시키는 것이 발전을 이루는 선이다. 이처럼 진화를 인정하는 세상에서는 가난하고 육체적으로 약한 사람은 진화를 방해하는 악이며, 마땅히 도태되어야 한다. 그리고 이 관점에서 진화와 인권은 양립하기 어렵다. 이와 같은 경우를 통해 켈러는 상황화에서 도전의 초점이 불신자의 논리적 모순을 드러내는 것임을 분명하게 보여주었다.

상황화 도전의 단계에 대한 또 다른 예로 켈러는 우상 숭배를 사용한다. 켈러가 맨해튼에서 사역을 시작했을 때, 포스트 모더니즘의 영향력 아래에 있던 뉴욕의 젊은 이들이 전통적인 죄의 개념에 대해서 알레르기 반응을 일으켰다. 이런 그들에게 "당신이 하나님의 법을 어겼기 때문에 당신은 죄인이다."라고 한 목사가 말하면, 그들은 목사의 이야기를 아예 무시하곤 했다. 이 상황에서 켈러는 우상 숭배에 대한 성경의 가르침이 뉴욕 젊은이들에게 다가갈 수 있게 만들었다. 그것은 뉴욕의 젊은이들에게 설득력 있는 A 교리(당신은 자유롭게 되기 위해 창조되었다)를 근거해서, B 교리(당신은 죄인이다)를 설명하는 경우이다.

켈러는 요즘 서양 사람들이 자유를 무척 중요하게 여기지만, 실제로 그들은 다른 사람의 인정, 성공, 그리고 부의 노예가 되어 있다고 생각했다. 그들 중 많은 사람들이 우울증, 불안, 중독 등으로 삶이 무너져 내렸다. 켈러는 이 상황에서 그들의 삶이 이렇게 예속되고 무너진 이유가 우상 숭배, 곧 그들이 자신의 무언가를 하나님보다 더 중요하게 여겼기 때문이라고 말한다.[62] 즉, 켈러는 뉴욕의 젊은이들에게 죄를 우상 숭배로 설명한다. 우상 숭배는 하나님을 제외하고 삶의 의미를 찾으려는 모든 것이다. 이와 같은 우상 숭배 개념은, 하나님을 사랑하지도 생각하지도 않는 포스트 모더니즘에 영향받은 사람은 결코 그들이 원하는 자유로운 삶을 살 수 없다는 것을 보여 준다. 그들이 진정으로 자유로워지려면, 최상의 사랑을 창조주 하나님께 드릴 때만 가능하다. 다른 식으로 말하면, 진정으로 자유로워지기 위해서 그들은 자신이 죄의 속박 아래 있는 죄인이라는 사실을 인정해야만 한다.[63]

상황화의 마지막 세 번째 단계는 **문화를 복음 안에서 재설정하는 것이다.**[64] 고린도전서 1장 18절~2장 16절에서 바울은 문화에 들어가고, 그 문화의 우상에 도전하고, 복음으로 청자를 위로한다. 그리고 켈러는 고린도전서 1장 18절~2장 16절의 내용을 근거로, 신자는 불신자의 문화가 가진 열망과 소망을 그리스도만이 만족시킬 수 있다는 사실을 보여 주어야 한다고 주장한다.[65] 켈러는 말한다.

문화에 들어가서 문화의 우상에 도전한 후에, 우리는 사도 바울이 문화에 대해서 보여 준 모범을 따라야 한다. 사도 바울은 청자에게 그들이 그렇게 찾고 있는 최종적인 소망이 그리스도임을 제시한다. 우리가 조심스럽게 다른 문화에 접근한다면, 우리는 그 문화에 대해서 말할 수 있는 권한을 얻게 된다. 우리가 문화의 신념 체계에 도전하게 되면, 우리의 청자는 불안정함을 느낄 것이다. 이제 우리는 상황화의 마지막 단계인 새로운 평형 상태를 재설정할 수 있게 됐다. 우리가 청자의 문화에 도전했기에, 우리는 이제 그들의 삶이 예수 그리스도 안에서 행복한 결말로 마무리될 수 있다는 사실을 보여 줌으로써 그들을 위로할 수 있다. 우리는 문화의 이야기를 그리스도 안에서 다시 말해야 한다.[66]

위 주장을 통해 켈러는 복음이 문화를 도전하고 재설정해야 한다고 말한다. 이와 같은 단계가 없다면, 청자의 문화에 내재된 우상이 여전히 청자에게 역사할 것이다. 그 결과 청자는 단지 문화적인 회심, 곧 기독교 문화를 받아들였을 뿐 예수님을 구원자와 주님으로 영접하지 않게 된다.[67]

| 예배 |

켈러는 매 주일 드리는 예배가 불신자를 위한 전도와

신자를 위한 양육 모두를 도모할 수 있다고 말한다. "나의 논지는 만일 우리가 주일 예배 가운데 불신자를 위한 전도와 신자를 위한 성장 중 하나를 택하지 않는다면, 예배는 불신자 전도와 신자의 성장 모두에 아주 효과적일 수 있다는 것이다."[68] 켈러는 이와 같은 예배를 "전도적 예배(evangelistic worship)"라고 부른다.[69]

전도적 예배

켈러는 예배의 본질적인 초점이 전도와 훈련이 아니라, 하나님께 예배드리는 것이라고 말한다.[70] 주일 예배의 목적이 하나님을 예배하는 것이라면, 예배는 불신자 전도와 신자의 성장 모두를 도모할 수 있다. 그러나 만약 예배의 목적이 불신자 전도와 신자의 성장 둘 중 하나가 된다면, 이 예배는 둘 모두를 일으킬 수는 없다. 이와 같은 켈러의 주장은 한편으로, 구도자 중심의 예배 혹은 현대적 예배(the seeker-sensitive service or contemporary worship)의 단점을 지적한다. 이 두 예배의 강조점은 불신자 전도에 있고, 그 결과 두 형태의 예배는 신자를 양육하고 성장시키기에 어렵다. 다른 한편으로 켈러의 주장은 전통적 예배가 너무 신자의 성장에만 초점을 맞추고 있다고 말하고, 불신자 전도의 어려움을 지적한다.[71] 켈러에 의하면, 만약 예배의 초점이 전도와 양육이 아니라 하나님을 예배하는 것에 초점을 둔다면, 이 예배는 불신자를 전도하고 동시에 신자를 양육할 수 있다.[72]

켈러는 이와 같은 전도적 예배가 성경적 근거를 가지고 있다고 주장한다. 구약 성경에서 하나님은 이스라엘에게 주님의 영광을 찬양하는 데 열방이 참여할 수 있도록 그들을 부르라고 명령했다. 예루살렘은 이 세상에서 예배의 중심이다(사 2:2-4; 56:6-8). 시편 105편 1~2절은 다음과 같이 말한다. "여호와께 감사하고 그의 이름을 불러 아뢰며 그가 하는 일을 만민 중에 알게 할지어다. 그에게 노래하며 그를 찬양하며 그의 모든 기이한 일들을 말할지어다." 켈러에 의하면 위 본문들은 하나님께서 자기 백성이 열방 앞에서(불신자 포함) 하나님을 찬양하라고 명령했음을 보여 준다(시 47:2; 100:1-5).[73]

또한 켈러는 고린도전서 14장 23~25절과 사도행전 2

장을 근거로 전도적 예배의 정당성을 주장한다. 켈러는 두 본문을 통해서 기독교 예배에 대한 중요한 세 가지 사실을 발견한다. 첫째, 불신자들이 예배 가운데 있었다. 둘째, 신자들의 찬양을 불신자들이 이해할 수 있었다. 셋째, 회심한 사람들은 그들이 이해할 수 있는 기독교 예배 가운데 회심을 경험했다.[74] 이와 같은 연구에 근거해서 켈러는 전도적 예배의 타당성을 다음과 같이 말한다. "우리는 복음을 단지 불신자에게 전달하는 것을 위해서 부름받지 않았다. 우리는 불신자 앞에서 의도적으로 복음을 드높여야 한다."[75]

켈러는 전도적 예배를 실행하기 위한 구체적 지침을 제시한다. 첫째, 목회자는 현재 그들의 교회에 불신자가 전혀 없을지라도, 수십 혹은 수백 명의 회의주의자가 이미 예배에 참여하고 있다고 생각해야 한다. 대부분 불신자는 교회 구성원의 초대를 받고서 교회 예배에 나온다.[76] 그리스도인은 자신의 교회 예배가 불신자에게 '안전한 곳'이라고 생각을 해야, 자신이 알고 있는 불신자를 예배 가운데 초대할 수 있다. 만약에 그렇지 않다면 그들은 불신자 친구를 예배에 데리고 오지 않을 것이고, 그 결과 악순환이 시작된다.[77] 목회자는 예배 가운데 신자만 있다는 것으로 알기에, 예배를 불신자가 이해할 수 있는 방식으로 드리는 것에 관심을 기울이지 않는다. 신자는 불신자 친구들을 그들이 이해할 수 없는 예배로 인도하기를 꺼리게 된다. 목회자는 계속 신자들과 예배드리게 되고, 그 교회에는 불신자가 오지 않는다.[78]

둘째, 목회자는 전도적 예배를 위해 비그리스도인이 이해할 수 있는 예배를 만들어야 한다. 전도적 예배의 목적은 불신자가 편안함을 느끼는 데 있지 않고, 그들이 예배 가운데 일어나는 것을 이해할 수 있도록 만드는 데 있다. 이 목적을 달성하기 위해서 켈러는 일곱 가지를 제시한다.

① 예배와 설교 가운데 일상적인 언어(vernacular)를 사용하라.
② 예배의 각 순서를 설명하라.
③ 예배에 참여한 불신자를 직접적으로 환영하라.
④ 탁월한 예술미를 예배에 접목시켜라(cultivate high-quality aesthetics).

⑤ 자비와 정의 행위를 고양하라.

⑥ 성찬식을 선명한 복음 전할 기회로 삼으라.

⑦ 은혜를 설교하라.[79]

셋째, 목회자는 전도적 예배를 위해 비그리스도인이 복음에 반응할 수 있는 기회를 제공해야 한다. 켈러는 불신자가 예배 중에, 그리고 예배 마치고 모임 중에 복음에 반응할 수 있는 장치를 두는 것이 지혜롭다고 말한다. 리디머에는 예배 중에 반응할 기회가 두 번 있다. 첫 번째 기회로, 리디머에서는 성찬식을 할 때 사람들에게 예수님을 그리스도로 영접하겠냐고 묻는다. 이때 예배 사회자는 예수님을 구원자와 주님으로 믿지 않는 사람은 성찬식에 참여할 수 없다고 말하고, 이제 기도 가운데 예수님과의 관계를 다시 생각해 보라고 격려한다.[80] 주님과의 관계를 다시 생각해 보는 것을 돕기 위해, 리디머는 성찬식에 참여하지 않는 사람들을 위한 세 가지 종류의 기도문을 주보에 포함한다. 그 내용은 다음과 같다.

진리를 찾는 기도

주 예수님, 당신은 길, 진리, 생명이라고 주장합니다. … 만약 당신의 주장이 사실이라면, 저를 인도해 주시고 가르쳐 주세요. 당신이 진정 누구신지 제 마음이 열리게 해 주세요. 제가 당신에 대한 일관성 있고 선명한 이해를 할 수 있게 해 주시고, 당신이 약속하신 생명에 이르도록 도와주세요. 아멘.

믿음의 기도

주 예수 그리스도시여, 저는 다음을 인정합니다. 저는 제가 감히 인정하는 것보다 더 약하고 죄악 된 존재입니다. 그런데 당신을 통해 저는 감히 꿈꾸지도 못할 정도로 사랑받고 용납받았습니다. 십자가에서 저의 모든 빚을 지불해 주시고, 모든 죄의 형벌을 저 대신 받아 주셔서 감사합니다. 용서해 주셔서 감사합니다. 당신이 죽은 자 가운데서 부활하셨음을 알고 있습니다. 죄에서 돌이켜 당신을 제 삶의 구원자와 주님으로 영접합니다. 아멘.

헌신의 기도

주 예수님, 당신은 저를 세례 가운데 주님을 따르도록 부르십니다. 또한 이 교회의 등록 교인이 됨을 통해서 헌신된 제자의 삶으로 부르십니다. 제가 당신의 백성과 함께 걸어야 하는 필수적인 걸음을 걸어갈 수 있도록 도와주세요. 성령님으로 충만한 삶을 살도록 도와주세요. 아멘.[81]

성찬식을 행하며 리디머는 불신자에게 예수님을 영접할 것을 초청하고, 만약 예수님을 주보에 있는 기도문을 통해서 영접했다면, 그 사실을 교회 리더들과 목회자에게 알려 주길 부탁한다.

예배 중에 불신자들이 복음에 반응할 두 번째 기회는 설교 후 결단 기도를 통해서이다. 리디머는 설교를 마치고 반주 가운데 침묵할 시간을 준다. 이와 같은 시간을 통해서 예배 참여자들은 그들이 들은 설교를 묵상할 뿐 아니라, 예수님을 영접할 기회를 가지게 된다.[82]

리디머는 예배 후에 있는 모임을 통해서 사람들이 복음에 반응할 기회를 제공한다. 켈러는 그동안의 사역을 돌아봤을 때 예배를 마치고 참여자들에게 그리스도를 영접할 기회를 준 것이 가장 효과적이었다고 말한다.[83] 예배 후 모임을 다양한 형태로 계획할 수 있다. 대표적인 세 가지를 예로 든다면 첫째, 축도 전에 목사가 다음과 같이 말한다. "만일 당신이 개인적인 질문, 개인적인 필요, 혹은 누군가에게 기도를 받고 싶다면, 축도 후에 앞으로 나오세요." 둘째, 리디머는 예배를 마치고 설교자와 Q&A 시간을 가지고 참여자와 소통한다. 셋째, 리디머는 때때로 불신자가 기독교에 대해서 하는 질문에 답하고 그들을 그리스도께 인도하기 위해 불신자를 위한 소그룹을 구성한다.[84]

전도적 설교(Evangelistic Preaching)[85]

켈러는 복음이 칭의와 성화의 토대이기 때문에, 복음 중심 설교가 불신자와 신자 모두를 대상으로 하는 전도적 예배(evangelistic worship)에 필요하다고 주장한다.[86] 켈러는 전도적 설교를 하기 위한 방법으로 중요한 두 가지를 제시한다. 첫째, 설교자는 어떤 본문에서든지 예수 그리스도를 발견하려고 노력해야 한다.[87] 누가복음 24장 27절은 말한다. "이에 모세와 모든 선지자의 글로 시작하여 모든 성경에 쓴 바 자기에 관한 것을 자세히 설명하시니라." 켈러는 이 본문을 근거로 성경의 모든 본문은 예수 그리스도에 관한 것이고, 성경 전체는 예수 그리스도를 통한 하나님의 구속사로 특징지어진다고 말한다. 따라서 켈러는 성경의 어떤 본문도 성경의 핵심인 구속사 안에 위치하고 있으며, 구속사의 빛 아래에서 해석할 수 있다고 말한다. 켈러는 다음과 같이 주장한다. "모든 설교는 인간의 딜레마와 그 딜레마에 빠진 인간을 구출하는 주인공, 예수님에 관한 이야기이다."[88]

켈러는 윤리적 설교의 구조와 그리스도 중심 설교의 구조를 다음과 같이 간략하게 설명하며, 두 설교가 얼마나 다른지 대조한다.

윤리적 설교의 구조

1) 이것이 오늘 본문의 의미입니다.
2) 이 본문에 의하면, 우리는 이렇게 살아야만 합니다.
3) 자, 이제 나가서 그대로 사세요. 하나님이 도와주실 겁니다.

그리스도 중심 설교의 구조

1) 이것이 오늘 본문의 의미입니다.
2) 이 본문에 의하면, 우리는 이렇게 살아야만 합니다.
3) 그러나 우리는 그렇게 살 수 없습니다.
4) 아~ 그런데 그렇게 사신 분이 계십니다!
5) 그분을 믿고 의지함을 통해서, 당신은 그와 같은 삶을 시작할 수 있습니다.[89]

둘째, 켈러는 복음으로 인간 마음의 문제를 해결한다.[90] 이 말은 켈러가 복음의 능력으로 표면적인 죄(sins) 이면에 있는 근원적인 죄(Sin)를 공격한다는 것을 의미한다. 즉 거짓말, 투기, 도둑질을 다루는 것이 아니라, 근원적인 죄가 일으킨 교만, 두려움, 거짓 정체성을 공격한다.[91] 예배 가운데 선포된 복음은 표면적인 죄들 아래 있는 신자의 근원적인 죄를 공격하게 되고 신자는 복음 안에서 성장하게 된다. 그뿐만 아니라 예배에 참여한 불신자는 자신의 삶에 적용되는 실제적인 방식으로 복음을 듣게 된다.[92] 불신자는 다양한 관점에서 복음을 수없이 예배 가운데 듣게 되고 복음을 점점 분명하고 정확하게 이해하게 된다. 예배 가운데 자연스럽게 전도가 되는 것이다. 이와 같은 의미에서 전도적 설교는 불신자 전도와 신자의 성장 모두를 도모한다.[93]

3
공동체 형성(Community Formation)
사람과 사람의 연결

켈러는 복음이 사람의 마음과 정체성을 변화시키기 때문에 복음이 세상 공동체와 전적으로 다른 새로운 공동체를 창조한다고 주장한다.[1] 즉 복음은 은혜 안에서 개인의 영적 성숙을 일으키기 때문에, 개인이 모인 기독교 공동체는 세상과 전적으로 다른 반(反)문화 공동체가 된다. 세상은 이 반문화 공동체를 통해서 복음이 만든 차이점을 인식하게 된다. 이와 같은 맥락에서 리디머장로교회는 공동체 형성(community formation)을 제자도(discipleship)라고 부르기도 한다.[2] 켈러는 공동체 형성과 제자도의 직접적인

연관성을 다음과 같이 설명한다.

우리 교회는 공동체를 통해서 개인의 영적 성장을 이루려고 노력하는 교회입니다. 교리 시험에서 A 받은 사람이 아직도 영적인 무지와 생명 없는 상태에 머물러 있을 수 있습니다. 그 이유는 그가 아직 공동체 안으로 들어와 복음의 의미와 적용점을 실천적으로 경험하지 못했기 때문입니다. 우리에게는 복음의 의미와 적용점을 계속해서 반추하고, 권면하고, 모델링할 수 있는 공동체가 필요합니다. 은혜 가운데 지혜와 성품의 성장은 강의로 발생되지 않습니다. 이는 복음의 뚜렷한 함의가 살아 있는 인격적 관계와 반문화 공동체 안에서 생겨납니다. 서양 기독교인들은 강력한 개인주의적 성향 가운데 살아갑니다. 그 영향력 아래에서 사람들은 종종 영적인 것을 추구하며 교회에 방문하지만, 이웃과 공동체를 섬기기 위해 헌신하지는 않습니다. 공동체에 깊이 헌신하는 것을 통해서만, 우리는 복음이 우리의 모든 삶에 역사하는 것을 경험할 수 있습니다.[3]

이번 장에서 우리는 복음이 어떻게 기독교 공동체를 형성하는지, 그리고 리디머장로교회가 공동체를 형성하기 위해 어떤 방법을 사용하는지 살펴보겠다.

| 복음, 기독교 공동체의 반석 |

켈러는 복음이 기독교 공동체의 반석인 이유를 세 가

지로 설명한다.[4] 첫째, 켈러는 하나님과 인간의 관계가 인간 사이의 관계를 결정한다고 주장하며 다음과 같이 말한다. "만약 당신이 하나님과의 관계에 문제가 생기면, 당신이 맺는 모든 인간관계 역시 문제가 생긴다. 만약 하나님과의 관계가 회복되면, 그 모든 인간관계가 회복된다."[5] 켈러의 주장은 복음을 통해 하나님과의 관계를 회복해야 진정한 기독교 공동체를 만들 수 있다는 사실을 보여 준다.

둘째, 복음 가운데 나타난 하나님의 희생적인 사랑을 경험하는 것은 기독교 공동체를 형성하게 한다. 그 이유는 공유된 경험이 자연스럽게 공동체를 형성하기 때문이다. 일반적으로 전쟁이나 위기를 같이 경험한 생존자는 자신의 가족들보다 생존자들끼리 더 깊고 강력한 유대감을 갖는다. 만약 그들이 공유한 경험이 더 강렬하다면, 이에 비례해서 더 강한 유대감을 갖고, 더 굳건한 공동체를 형성하게 된다.[6] 켈러에 의하면 인류가 경험할 수 있는 최고의 강력한 경험은 복음을 깨닫는 것이다. 인간은 복음 안에서 하나님의 한량없는 은혜를 알고 경험할 수 있다. 이 은혜 경험이 너무 강렬하기 때문에 그리스도인은 사회

계급, 인종, 문화의 차이를 뛰어넘어서 다른 사람과 함께 공동체를 이룰 수 있다. 다시 말하면, 이러한 유대감은 기독교인이 자신의 정체성을 인종이나 사회적 계급이 아니라, 그리스도 안에 있는 정체성에 기반을 두고 있기 때문에 형성된다.[7] 이와 같은 유대와 결속은 그리스도와 복음 밖에서 나타날 수 없다.

셋째, 켈러는 복음이 공동체 형성을 막는 장벽을 제거한다고 주장한다.[8] 켈러는 진정한 기독교 공동체 형성이 어렵다는 사실을 다음과 같이 인정한다. "신약 성경에서 기독교인이 다른 기독교인을 사랑하라는 권면이 그렇게 많은 이유는 교회가 자연적인 친구(natural friends)가 아니라, 천적(natural enemies)들로 구성되어 있기 때문이다."[9] 이 맥락에서 켈러는 교회를 "천적들이 예수님을 위해 서로 사랑하는 공동체"라고 말한다.[10] 이러한 켈러의 주장은 비록 거듭난 그리스도인이 아직 자기중심적이더라도, 십자가에서 나타난 그리스도의 사랑으로 변화될 수 있고, 그 결과 사랑의 공동체를 형성할 수 있다는 사실을 보여 준다.

켈러는 공동체 형성을 방해하는 장벽이 복음에 의해

어떻게 제거되는지 구체적으로 설명한다. 먼저 복음은 사람들의 근원적인 죄를 공격해서 장벽을 무너뜨린다.[11] 인간은 죄의 영향력 아래에서 스스로 영광받기를 갈망한다. 인정받기를 원하고 자신의 가치를 증명하고 싶어한다. 죄가 일하는 방식은 간단하다. 죄는 인간이 우월감을 느끼며 교만하게 하거나, 열등감을 느끼며 자신을 경멸하며 살게 한다.[12] 이때 복음은 우월감을 느끼는 사람이 사실 자신이 열등하다고 생각하는 사람들보다 전혀 낮지 않다는 사실을 폭로한다. 그 이유는 복음이 우월감을 느끼는 사람조차 죄인이며, 자신의 행위가 아니라 오직 은혜로 구원받았음을 드러내기 때문이다. 이런 의미에서 복음은 모든 사람을 겸손하게 한다.

복음은 또한 열등감을 느끼며 절망한 사람에게 소망을 주고 담대하게 한다. 복음은 온 우주의 주인이 열등감을 느끼는 그 사람을 사랑하며, 존귀하게 여기고 있음을 보여 준다. 그들은 하나님 눈에 의인이며, 흠이 없고 온전하다. 따라서 그들은 자신의 의미와 가치를 얻기 위해 다른 사람의 인정을 갈구할 필요가 없다.[13] 리디머장로교회는 복음이 공동체 형성의 장애물을 무너뜨린다는 사실을 다음과 같이 말한다. "복음은 우리를 겸손하게 하고, 우리의 가치를 확인해 주기 때문에, 우리는 이제 시기, 교만, 열등감, 우월감에서 벗어날 수 있다."[14]

| 공동체를 형성하는 방법 |

리디머는 소그룹(community group)과 지역 공동체(neigh - borhood gathering)를 통해서 공동체 형성을 도모한다.[15] 소그룹은 6~12명의 사람이 주중에 그들의 집에서 모이는 모임이다.[16] 소그룹은 주로 세 가지 목적을 가진다.

첫째, 예수 그리스도를 경험하는 것이다. 이와 같은 목적은 리디머에서 소그룹 참여자에게 나눠 주는 팸플릿에 잘 나타난다. "(소그룹의 목적은) 예수 그리스도를 함께 경험하고, 서로를 통해 우리 각자의 삶이 바뀌는 것"이다.[17] 이는 소그룹의 주 목적이 전도와 양육(discipleship)임을 잘 보여 준다. 즉 리디머에서의 소그룹은 공동체 안에서 그리스도를 경험함으로, 신자가 영적으로 성장하고 그와 동시에 불신자가 복음으로 도전받을 수 있는 공동체이다.[18] 둘

째, 소그룹은 진정한 성도의 교제를 추구한다. 리디머는
성도의 교제를 두 가지 차원에서 설명한다. 하나는 하나
님께서 우리에게 알게 하신 것을 다른 사람과 나누는 것
이고, 다른 하나는 다른 사람들이 우리를 통해 받은 위로,
격려, 깨달음을 나누는 것이다.[19] 셋째, 소그룹은 개인의
은사를 발견하고, 그 은사를 소그룹, 교회, 세상을 위해
사용하는 것에 강조점을 둔다.

지금까지 간략하게 리디머가 생각하는 소그룹의 목적
세 가지를 살펴봤다. 이 세 가지의 소그룹 목적은 리디머
가 소그룹을 "목회적 돌봄의 핵심"으로 여기고 있음을 드
러낸다. 왜냐하면 소그룹 안에서 복음을 중심으로 전도와
양육이 이뤄지기 때문이다.[20]

지역 공동체

지역 공동체는 3개월에 한 번씩 50~80명이 모이는 대
그룹 모임이다. 이 대그룹 모임은 지역 사회 섬김을 위해
때때로 식당과 술집(pub)에서 모인다. 지역 공동체는 몇
개의 소그룹이 함께 모이는 공동체로서 더 자유롭게 열려

있는 모임이다. 리디머 성도는 지역 사회 봉사를 위한 대그룹 모임이 있을 때, 그들의 불신자 친구, 가족, 직장 동료를 초대한다. 불신자는 교회 모임이지만 지역 사회를 위한 봉사 활동이기 때문에, 쉽게 모임에 참여하게 되고, 교회 지체들과 친밀감을 나누게 된다. 분기별 대그룹 모임의 목적은 안전하고 위협적이지 않은 방법으로 교회가 지역 사회에 다가가는 것이며, 성도가 연합하여 지역 사회의 공공선을 위하여 협력하는 것이다.[21]

| 양육 전략 |

리디머에서 양육의 핵심은 소그룹이다. 이 소그룹 안에서 잠재적인 리더가 발굴되고, 훈련되고, 은사가 개발된다. 소그룹 현재 리더의 가장 중요한 책임 중 하나는 차기 리더를 훈련하는 것이다.[22] 리디머는 양육을 위해 도제 모델(apprentice-discipleship)을 사용한다. 그 이유는 "영적 성장과 성숙은 교실과 책을 통해서가 아니라, 공동체 안에서 나타나는 인격적 관계를 통해서 발생하기 때문이다. [차기 리더들은] 복음이 어떻게 사람을 진정으로 변화시켰는지 도제 관계를 맺고 있는 [리더를] 통해서 보게 된다."[23] 이 관계성 가운데 추상적으로 보였던 복음이 실제 삶과 인격에서 어떻게 적용되는지를 그들은 알게 되고, 배우게 된다. 즉 리디머는 영적 성숙을 위해 지식을 전달하는 것이 중요하지만, 그것만으로 양육이 되지 않는다고 생각한다. 왜냐하면 영적으로 성숙한 제자 혹은 리더가 된다는 것은 경건한 성품, 사람을 섬기는 능력, 리더십 등을 소유하는 것인데, 이런 것들은 책만으로 배우기 어렵기 때문이다. 이런 측면에서 소그룹은 리디머 양육의 핵심이다.

리더 훈련의 네 단계

리디머는 소그룹 안에서 리더를 발굴하고 훈련하는 데 있어서 네 단계를 제시한다. 네 단계를 통틀어서 리디머 훈련의 가장 기본적인 방법은 가르치고, 보여 주고, 관찰하고, 평가하고 격려하는 것이다.[24]

리더 훈련의 첫 단계는 발굴 단계이다. 이 첫 단계에서 현 리더는 하나님을 더 알기 원하고 다른 사람이 하나님을 알게 하는 것에 열정을 가진 사람이 누구인지 찾는다.

팀 켈러는 누구인가?

만약 리더가 이와 같은 사람을 찾았다면, 리더는 찾은 사람을 잠재적인 리더로 생각하고 그와 더 많은 시간을 보내며 멘토링한다. 리더는 잠재적 리더와 일대일 성경공부를 하거나 잠재적 리더가 리디머가 제공하는 기본적인 훈련에 참여할 수 있도록 돕는다.[25]

리더 훈련의 두 번째 단계는 멘토 단계다. 두 번째 단계에서 잠재적 리더는 소그룹 예배, 나눔, 기도 시간을 인도하기 시작한다. 소그룹 예배가 마치고 나면, 리더는 잠재적 리더와 함께 소그룹 모임을 인도하며 깨달은 것, 개선할 것 등에 대해서 토의한다. 또한 리더는 잠재적 리더를 리디머가 제공한 소그룹 리더 핸드북과 리더 코치 핸드북을 가지고 양육한다. 두 번째 단계는 아직도 비공식적인 단계로, 잠재적 리더는 아직 리더와 공식적인 도제 관계에 들어가 있지 않다.[26]

리더 훈련 세 번째 단계는 인턴 단계다. 세 번째 단계는 잠재적 리더가 현 리더와 공식적인 도제 관계에 들어가 있음이 인정된다. 잠재적 리더는 소그룹 모임 가운데 말씀 나눔 부분을 리더 앞에서 인도한다. 모임 후에 리더

123

3 공동체 형성(Community Formation) : 사람과 사람의 연결

는 잠재적 리더에게 피드백과 격려를 계속해 준다. 또한 리더는 잠재적 리더가 아주 중요한 주제들, 곧 기본적인 성경 해석 능력, 기본적인 대인 관계 기술, 소그룹 비전 등을 배울 수 있도록 돕는다. 이를 위해 리더는 잠재적 리더를 직접 가르치기도 하고, 교회에서 제공하는 제자 훈련반에 들어갈 수 있도록 돕는다.

리더 훈련 네 번째 단계는 도제 단계이다. 리더는 소그룹에서 차기 리더가 결정됐고, 차기 리더가 미래에 새로운 소그룹을 시작할 수 있다고 발표한다. 리더는 차기 리더가 리더 없는 소그룹에서 모임을 전부 다 인도할 수 있도록 허락한다. 리더는 차기 리더와 개인적인 관계 가운데 차기 리더가 복음을 더 분명하게 이해할 수 있도록 자신의 삶을 나눈다. 또한 차기 리더가 다른 사람들의 영적 필요에 민감할 수 있도록 돕는다. 이 단계에서 차기 리더는 리더 모임에 참여할 수 있게 되고, 대그룹 리더와 목회자를 만나게 된다.[27]

등록 교인 과정

리디머 소그룹은 리디머에 들어올 수 있는 출입문에 해당하기 때문에 모든 소그룹의 구성원이 등록 교인은 아니다. 따라서 소그룹 리더는 소그룹 구성원 중에서 예수님을 구원자와 주님으로 영접한 사람에게 등록 교인이 되길 격려한다. 필자가 2018년 1월 20일에 진행된 등록 교인 집중 훈련 과정에 참여했을 때, 참석자 대다수가 1년 이상 소그룹과 주일 예배에 참여한 사람들이었다. 리디머 등록 교인 훈련 과정은 크게 기독교 신앙과 교회 생활에 대해서 가르쳤다. 기독교 신앙은 등록 교인 훈련 과정과 소그룹을 담당하는 목회자가 가르쳤는데, 그는 복음을 창조, 타락, 구속, 회복이라는 네 주제 가운데 설명했다. 그리고 리디머 등록 교인이 되려면 다음 세 신앙 고백에 대해서 "예"라고 대답해야 한다고 말했다.

① 귀하들은 여러분 자신들이 하나님 앞에서, 하나님의 [절대] 주권적인 긍휼이 아니면 소망이 없이, 하나님의 노여움을 받아 마땅한 죄인임을 인정합니까?

125

② 귀하들은 주 예수 그리스도를 하나님의 아들이요 죄인들의 구주 라고 믿으며, 그리스도께서 복음에 제시된 것처럼, 구원을 위해 그리스도를 영접하고 그분만을 의지합니까?

③ 귀하들은 이제, 겸손히 성령의 은혜를 의지하여, 그리스도를 따르는 자들답게 살기로 노력할 것을 결심하며 약속합니까?[28]

필자가 참여한 등록 교인 수업 두 번째 강사는 리디머 장로교회 개척 장로였다. 그는 하나님은 선교하시는 하나님이기 때문에, 하나님의 백성 또한 선교하는 백성이라고 말했다(창 12:1; 마 28:19; 행 1:8). 그는 하나님의 선교는 예배와 기독교 공동체를 통해서 실행된다고 주장했고(엡 2:19–3:13), 선교를 위해 등록 교인은 다음 두 가지 고백에 "예"라고 대답해야 한다고 말했다.

④ 귀하들은 여러분의 최선을 다해서 교회의 예배와 사역을 위해 교회를 받들기로 약속합니까?

⑤ 귀하들은 교회의 치리와 권징에 복종하며, 교회의 순결과 평화를 도모하기로 약속합니까?[29]

두 번째 강사는 다섯 가지 서약 모두에 "예"라고 말할 수 있어야 리디머의 등록 교인이 될 수 있다고 말했다.

컨퍼런스와 리디머 강의

대중적인 컨퍼런스와 리디머 강의가 소그룹 중심으로 행해지는 도제 중심 양육 과정을 보완한다. 소그룹 멤버의 영적 필요를 잘 알고 있는 리더는 다양한 컨퍼런스와 리디머 강의를 필요한 멤버들에게 들어 보라고 격려한다. 리디머는 다양한 강의와 컨퍼런스를 연중에 열어서 멤버의 영적 성숙을 돕는다. 예를 들어 리디머는 회중에게 "Gospel in Life"라는 강의를 개설했는데, 이 강의는 복음이 어떻게 참여자의 삶을 변화시키고 세상에 참여하는지 알게 하는 데 초점이 있다. 또한 리디머는 "Gospel Principles for Parenting"이라는 강의를 개설하여, 부모가 복음에 근거해서 자녀를 양육할 수 있는 14가지 원리를 가르친다.[30]

리디머는 전체 회중을 위한 이틀간의 집중 컨퍼런스도 개설한다. 예를 들어 2017년 11월 17~18일 컨퍼런스 강사인 켈러는 세상의 정체성과 복음적 정체성의 차이를 설명하고, 어떻게 복음이 우리의 정체성을 변화시키고 우리가 사랑하는 것을 변화시킬 수 있는지 가르쳤다.[31] 또한 리디머는 2018년 4월 13~14일에 공적 신앙 컨퍼런스도 개최했다. 이 컨퍼런스에서 켈러는 신자의 직장이 복음을 통해 하나님의 영광을 위해 어떻게 기여할 수 있는지에 대한 새로운 비전을 제시했다.[32] 이와 같은 다양한 강의와 컨퍼런스는 소그룹에서 일어나는 제자 훈련에 필수적인 성경적 가치와 지식을 공급해 준다.

섬김

리디머는 소그룹 구성원들에게 교회와 지역 사회를 섬길 것을 요청한다.[33] 소그룹 모임 중에 자원봉사를 담당하는 지체가 다른 멤버들에게 지역 사회를 섬길 구체적인 자원봉사 기회에 대한 정보를 알려 준다. 그 담당자는 소그룹 참여자들에게 리디머장로교회의 자비와 정의 사역의 자원봉사 혹은 'Hope for New York'에서 주최하는 자원봉사 정보를 주고 참여할 것을 독려한다. 또한 소그룹 전체가 함께 이와 같은 자원봉사에 참여하기도 한다.[34]

리디머장로교회는 교회를 섬길 수 있는 다양한 기회를 구성원들에게 제공한다. 소그룹 멤버들은 함께 예배 안내 팀, 예배 환영 팀, 안내 데스크 팀, 구내 서점 팀으로 자원봉사할 수 있다. 또한 그들은 주일학교 교사나 중보 기도 팀으로도 섬길 수 있다.[35] 리디머에서 이와 같은 섬김은 교회의 멤버들이 그리스도의 형상을 닮아 가는 은혜의 통로가 된다고 여겨진다.

4
자비와 정의(Mercy and Justice)

사람과 지역 사회의 연결

켈러는 복음을 경험한 그리스도인이 가난한 사람을 겸
손하게 섬길 수 있다고 주장한다. '영적 파산'을 경험한 그
리스도인이 '물질적 파산'에 처한 가난한 사람을 만나게
되면, 그는 복음 가운데 가난한 사람과 동질감을 가지게
된다. 이 동질감은 '만일 은혜가 없다면 두 사람 모두 소
망 없이 파산한 인생'이라는 공통분모로부터 오게 된다.
이 동질감 가운데 그리스도인은 교만 없이 겸손하게 가난
한 사람을 돕는다.[1] 즉 복음은 교만의 원천, 자급자족(self-
sufficiency)을 무너뜨려서, 교만할 수 없게 만든다.[2] 복음은

우리가 자급자족할 수 없고 우리 삶이 전적으로 하나님의 은혜에 의존하고 있음을 드러낸다. 그 결과 예수님께서 영적으로 가난한 그리스도인을 은혜로 대하셨듯이, 복음은 그리스도인이 물질적으로 가난한 사람을 은혜로 대할 수 있게 만든다. 리디머는 복음이 교회에서 자비와 정의 사역을 촉진할 수 있다고 다음과 같이 이야기한다.

> 복음은 우리를 겸손하게 하며, 하나님 앞에서 우리가 다른 누구보다 전혀 나을 것이 없다는 사실을 보여 줍니다. 또한 복음은 가난하고 깨어진 사람을 세워 주고, 그들에게 그리스도 안에 있는 [존귀한] 신분과 담대함을 줍니다. 가난한 사람을 돌보는 것이 구원의 수단은 아니지만, 자비와 정의를 행하는 삶은 우리 마음이 은혜 가운데 변화되었다는 것을 보여 주는 증거입니다. … 우리가 말하는 자비는 사람들의 기본적인 필요를 채워 주는 것입니다. 우리가 말하는 정의를 행하는 것은 우리의 재정과 시간으로 도움이 필요한 사람의 즉각적 필요를 채우는 것이고, 나아가 사회적 약자를 옹호하고 보호하는 것입니다. 정의를 행하는 것을 더 넓게 말한다면, 우리 도시를 모든 사람이 살기 좋은 곳으로 만들기 위해 시민으로 살아가는 것입니다.[3]

리디머는 자비와 정의 사역을 집사회(Diaconate)와 Hope for New York을 통해 수행한다. (앞으로 Hope for New

York은 'HFNY'라고 표기하겠다.)

| 자비와 정의 사역을 위한 교회의 적절한 역할 |

켈러는 지역 교회가 섬기는 사역을 통해서 그리스도
의 사랑을 세상에 보여 주어야 한다고 생각한다. 그러
나 이 말은 지역 교회가 세상을 개혁하는 데 참여해야 한
다는 뜻은 아니다.[4] 즉 켈러는 교회가 말씀 사역과 행동
사역으로 세상을 섬겨야 한다는 교회의 이중 사명에 동
의지만, 교회의 사명이 교회를 통한 사회적 변혁(social
transformaiton)이라는 것에는 동의하지 않는다.[5] 이와 같은
입장에서 켈러는 교회가 가난한 사람을 섬기는 것에 사역
의 단계에 따라 한계가 있어야 한다고 생각한다. 이를 위
해 켈러는 구제(relief), 개발(development), 개혁(reform) 세 가
지 사역의 단계를 소개한다.[6]

가난한 사람을 위한 사역의 첫 단계는 구제다. 구제는
"신체적, 물질적, 사회적 필요를 채워 주는 직접적인 도움
이다."[7] 교회가 행하는 가장 일반적인 구조적 차원의 사역
은 노숙자에게 임시 숙소 제공하기, 음식과 옷을 필요한

사람에게 공급하기, 의료 서비스, 위기 상담 등이 있다. 그런데 만약 교회가 단지 구제 단계의 사역으로만 어려운 사람을 돕는다면, 그 사역은 오히려 가난한 사람의 의존성만을 키워 주는 문제가 야기될 수도 있다.[8] 즉 직접적인 필요를 채워 주기 위해 단지 주기만 하는 사역은 가난한 사람에게 오히려 해로울 수 있다는 것이다.[9] 이와 같은 문제를 차단하기 위해 필요한 것이 바로 개발과 개혁 단계의 사역이다.

가난한 사람을 위한 사역의 두 번째 단계는 개발이다. 개발은 개인과 공동체가 자급자족하게 하는 것을 목적으로 한다. 개인을 위한 개발은 교육을 제공하고, 직업을 창출하고, 직업에 맞는 훈련을 제공하는 것이다. 공동체를 위한 개발은 사회 재정적 자본을 사회 시스템에 재투자하는 것이다. 예를 들어 주택 개발과 여러 자본 투자를 말한다. 이와 같은 개발은 구제보다 더 많은 시간과 비용이 드는 사역이다.[10]

가난한 사람을 위한 사역의 세 번째 단계는 개혁이다. 개혁은 즉각적인 필요를 채우는 구제와 다르고, 의존성 문제를 극복하는 개발과도 다르다. 개혁은 빈곤을 악화시키고 의존성을 야기하는 사회적 조건과 구조 자체를 변화시키는 데 강조점이 있다.

켈러는 지역 교회의 자비와 정의 사역이 세 단계 모든 사역을 포함해서는 안 된다고 주장한다. 그는 교회 사역이 우선 구제에 집중하고, 개발 사역도 어느 정도 참여하는 게 좋다고 말한다. 한 교회가 개발 사역을 온전히 감당할 수 없기에, 지역 교회들이 연합하여 개발 사역을 하는 것도 좋다. 다만 켈러는 교회가 구제, 개발, 개혁 모든 사역을 다 하는 것에는 반대한다. 그 이유는 교회가 모든 단계의 사역을 감당하려고 하다가 교회의 본질적인 사역인 말씀 사역, 곧 전도와 제자화 사역을 잃어버릴 수 있기 때문이다.[11] 이에 대해 켈러는 다음과 같이 말한다. "세 단계 사역을 다 하려고 하는 교회는 [자비와 정의 사역이] 설교하고 가르치고 양육하는 사역을 압도하는 것을 발견한다."[12]

켈러는 교회가 구제 사역과 개발 사역의 일부분에 초점을 맞춰야 한다고 주장하고, 그 구체적인 이유를 다음과 같이 제시한다. 첫째, 개발과 개혁 사역은 비용이 너무 많이 들고, 교회가 이 사역에 집중하면 복음과 말씀 사역을 위한 재정을 집행하기 어렵다. 둘째, 개발과 개혁 사역은 아주 복잡하고 전문적인 사역이라, 말씀 사역자가 이 일을 맡기에는 어려움이 있고, 감당한다고 해도 말씀과 기도에 집중하지 못하는 결과를 야기할 것이다(행 6:1-7). 셋째, 개발과 개혁 사역은 정치와 깊이 연관되어 있고, 교회의 독립성을 훼손하는 방식으로 교회가 특정 정당들과 연대할 수 있다.[13]

리디머는 목회자가 교회의 본질적인 말씀 사역에 집중할 수 있도록, 리디머 안에 있는 가난한 사람을 돕기 위한 집사회를 세웠다. 집사회의 사역은 대부분 구제 사역에 초점이 맞춰져 있다. 리디머는 또한 교회를 넘어 뉴욕시를 섬기기 위해 리디머로부터 독립된 기관인 HFNY을 세웠다. 이 단체는 뉴욕시를 위해 구제, 개발, 개혁 사역에 참여하는 기관을 지원하고 훈련하는 사역을 감당하고 있다.

| 집사회 |

리디머의 집사회는 1991년에 등록 교인과 예배 정규 출석자를 섬기기 위해 시작됐다.[14] 리디머가 개척된 후 3년 동안(1989–1991) 목회자와 교회 직원이 이 사역을 감당했다. 켈러는 집사를 통한 자비 사역에 관해 박사 논문을 썼다. 그는 집사회를 교회에 세워서 집사들이 자비 사역을 감당하길 원했다.[15] 그는 목회자와 장로는 복음을 전하고 교회를 돌보는 것에 집중해야 한다고 생각했다. 집사회의 정의와 목적은 켈러가 자비 사역을 어떻게 이해하고 있는지 잘 보여 준다.

집사회는 리디머 장로와 멤버에 의하여 추천, 훈련, 선출, 그리고 임명된 남녀 집사의 모임입니다. 집사회는 회개하고 기뻐하는 공동체(a repentant and rejoicing community)를 세우기 위해 존재합니다. 이런 공동체는 실제적이고 가시적 필요가 채워지는 사랑과 진실된 관계 가운데 세워집니다. 그 관계에서 우리의 마음은 예수님 혹은 다른 사람들과 깊이 만나게 되고 변화됩니다. 우리는 주님께서 우리에게 주신 명령 "네 이웃을 네 몸과 같이 사랑하라"를 실천적 방법으로 구현합니다.[16]

집사회는 실제적 필요가 있는 사람을 통전적으로 섬기

기 위해 일곱 가지 접근 방법을 가지고 있다.

기본 생활을 위한 경제적 지원

실제적 도움이 필요한 사람은 집사회의 연락처로 직접 도움을 구할 수 있다. 그 후 집사는 연락을 준 사람에게 다가가서, 집사회가 가진 기준을 가지고 그 사람을 도울 수 있는지 점검한다.[17] 그 사람이 기준에 부합하면, 그는 집사회의 고객이 된다. 이때 집사회는 고객을 더 잘 돕기 위해서, 고객의 재정 상황을 완전히 공개할 것을 요청한다. 하지만 고객의 입장에서 자신의 재정 실패와 무능을 드러내는 것은 창피한 일이다. 따라서 집사회는 최대한 고객의 입장과 마음을 고려하며 존중하는 태도로 다가간다. 다음의 예는 집사회가 경제적 필요를 가진 사람을 얼마나 진정성 있게 대했는지 보여 준다.

집사회 집사님을 만나러 가는 도중에 나는 내가 경제적 실패 가운데 있다는 사실로 창피했습니다. 당시 나는 내가 경제적으로 실패하고 무능하다는 것 때문에 수없이 나를 정죄하고 있었고, 여기에 다른 사람까지 날 정죄하면 견딜 수 없는 상황이었습니다. 집사님과의 첫 만남은 정말 불편했고 피하고 싶었습니다. 나의 실패와 무능을 처음보는 사람에게 이야기하는 일은 정말 쉽지 않았습니다. 그러나 집사님들은 나를 정죄하지 않았습니다. 그래서 나는 용기를 낼 수 있었습니다. 그들은 나의 이야기를 들어 주었고, 동감해 주었고, 내가 실제적인 도움을 받을 수 있도록 도와줬습니다.[18]

집사회는 단지 고객을 이해할 뿐 아니라, 그들의 현재 상황에 맞는 실제적인 도움도 제공한다. 다만 이와 같은 경제적 지원 전에, 집사회는 고객이 가진 비필수적인 지출을 줄일 것을 요구한다. 집사회의 경제적 지원이 오랜 기간 지속될 수도 있지만, 집사회는 계속적인 지원을 하지 않고, 고객이 경제적 지원에 의존하는 것을 막기 위해서 지원을 줄여 나가고 후에는 지원을 멈추는 것을 목표로 한다.[19]

집사회의 책임자 제니 장(Jenny Chang)에 의하면, 집사회는 23년 동안(1991-2014) 1,500명의 성도를 경제적으로 섬겼다. 그 금액은 54억 원($4,300,000)이 넘는다.[20] 집사회은 2015년에 500명의 성도에게 3억 3천만 원($264,000)이 넘는 금액을 지원했다.[21]

기도, 상담, 상호 책임

집사회는 고객에게 재정적 지원뿐만 아니라, 영적 지원도 제공한다.[22] 집사회에 속한 집사들은 어려운 상황에 처한 사람을 영적이며 실제적으로 도울 수 있도록 훈련되어 있다.[23] 다음의 예는 집사회가 집사를 통해 어떻게 도움이 필요한 사람을 전인적으로 섬기는지 보여 준다.

> 친구가 집사회에 연락해 보라고 말했습니다. 지체 없이 집사회의 집사님들은 내 병원비를 내줬고, 침대까지 사주며 나의 실제적 필요를 채워 주었습니다. 집사님들은 나에게 상담받을 것을 추천했습니다. 그들은 나에게 가끔 전화를 주어 나를 체크해 주었고, 기도해 주고 격려해 주었습니다. 3년 후 나는 여전히 그 집사님들을 만나고 있습니다. 이분들은 이제 내 삶에 중요한 분들이 되었습니다. … 나는 집사님들과 매주 기도하는 시간이 참 감사합니다. 우리가 서로 시간을 맞출 수 없을 때는 전화로 함께 기도합니다. 내가 필요할 때면 일주일에 두세 번 함께 기도합니다.[24]

2014년까지 244명의 사람들이 집사회에서 섬기기 위해, 신학 교리 수업과 실제적 섬김 교육에 참여했다.[25] 이 사람들은 고객 필요를 파악하고, 그들을 가장 잘 도울 수 있는 해결책을 찾아가는 사람들이다. 이들은 고객을 영적으로 관리(spiritual supervision)하고 상호 책임 관계(accountability)를 형성해 주는 사람들이다.[26]

상담을 위한 보조금

집사가 고객에게 전문적인 상담이 필요하다고 느낀다면, 집사회는 그 고객을 리디머 상담소와 연결해 주고, 그 비용을 대신 지불한다.[27] 일반적인 상담(secular counseling)과 다르게 리디머 상담가는 고객에게 전문적인 상담을 제공할 뿐만 아니라, 고객이 최종적인 회복자이며 치유자인 예수 그리스도의 능력을 볼 수 있도록 이끈다.[28] 집사회는 이에 해당하는 예를 다음과 같이 제공한다.

> 9/11 테러 10주년이 다가오고 있었습니다. 저는 집세를 몇 달 밀렸어요. 재정적 그리고 영적으로 어려움을 겪고 있었거든요. … 그라운드 제로(Ground Zero)에서 9개월간 근무한 결과 저는 급성 외상후 스트레스 장애(PTSD)를 겪었습니다. 저는 다가오는 9/11 기념일이 감정적으로 더 큰 문제를 야기하는 요인이라는 것과 그런 저에게 도움이 필요하다는 것을 알았습니다. 제가 처음으로 집사회

에 전화할 때부터, 그들은 저를 존중해 주었습니다. 그들은 제 이야기를 들어 주었고 이해해 주었습니다. 집사회는 저의 집세를 내줬고 식료품을 사줬습니다. 무엇보다 집사회는 그 당시 저를 지배했던 PTSD를 치료할 수 있게, 상담소에 갈 수 있도록 도와줬습니다. 집사회는 기독교에 대한 구체적인 이해와 함께 상담받을 수 있도록 도와 주었습니다.[29]

위 예는 집사회가 경제적, 영적 그리고 정서적 돌봄까지 제공했음을 잘 보여 준다. 집사회는 2015년에만 대략 5천만 원($ 40,000)을 상담 보조비로 사용했다.[30]

직업 찾기

집사회는 직업 찾아 주는 사역을 지원한다.[31] 집사회는 성도가 직업을 찾을 수 있도록 두 가지 사역을 지원한다. 첫째는 구직자 회의이고 둘째는 구직 기술 훈련이다. 전자는 직업을 찾는 사람들이 격주로 2시간씩 만나는 모임이다. 이 모임에서 구직자들은 서로를 이해하고 지지하는 복음 중심의 안전한 공동체를 경험한다. 이 모임에 참여하는 사람은 서로 같은 입장에 있기 때문에 서로를 더 이해하고 지지하게 된다. 이 모임 가운데 중요한 주제 중 한 가지는 구직자의 정체성이 '직업'이 아니라, '그리스도'에게 있다는 것을 확인하는 것이다. 구직 기술 훈련은 구직자가 취업에 필수적 기술을 습득할 수 있도록 다섯 강의를 제공한다. 예를 들어, 취업 적합도 평가, 취업 전략, 이력서 쓰는 방법, Linkedin 활용법, 모의 면접 등이 있다.[32] 2016년 213명의 구직자가 이 사역을 통해서 도움을 얻었고, 그중 많은 수가 취업하는 데 성공했다.[33]

다른 사역들

집사회는 이혼과 고령으로 어려움을 경험하는 사람에게도 도움을 주고 있다. 별거 중이거나 이혼한 여성은 12주 과정의 모임에 참여할 수 있고, 이 모임에서 다양한 영적인 지원과 기도를 받는다. 그들은 성경공부, 기도, 회복 프로그램에 참여함을 통해서 새롭게 인생을 시작할 수 있도록 격려받는다.

집사회는 60세 이상의 성인을 위한 돌봄 그룹을 운영하고 있다. 이 그룹에 참여하는 사람은 자신의 삶을 나누거나, 토론하거나, 다른 사람을 섬기는 것을 통해서, 함께하며 돌봐 주는 공동체를 형성한다.[34] 또한 집사회는 질병, 출산과 같은 특별한 상황에 있는 성도를 돕기 위해 식사를 제공한다. 2016년 집사회는 200끼의 식사를 필요한 사람들에게 나눠 주었다.[35] 또한 집사회는 청지기 세미나와 예산 세미나를 열어서 빚 가운데 허덕이는 성도를 돕고 있다.[36]

| Hope for New York |

HFNY는 1992년에 비영리 기관으로 설립되었다. 이는 리디머의 자비 구제 사역의 파트너로, 리디머와 별개의 독립된 기관이다. 현재 HFNY는 10개의 교회와 파트너로 사역하고 있고, 이 열 교회는 재정과 자원봉사자 지원을 통해 뉴욕을 섬기고 있다.[37] HFNY는 현재 45개 이상의 비영리 기관과 연대하여 뉴욕의 가난한 사람들을 섬기고 있다.[38]

HFNY의 비전은 뉴욕에 사는 사람을 위한 전인적인 섬김이다. "우리의 비전은 뉴욕에 사는 모든 사람이 그리

4 자비와 정의(Mercy and Justice) : 사람과 지역 사회의 연결

스도 사랑의 실현을 통해 영적, 사회적, 경제적 번영을 경험하는 것입니다."[39] HFNY의 사명은 이 비전이 어떻게 HFNY의 사역을 통해 실현될 수 있는지를 설명한다. "우리의 사명은 뉴욕의 가난하고 소외된 사람을 섬기는 비영리 기관들을 후원하기 위해 자원봉사자와 재정 자원을 동원하는 것이다. 우리는 이 비영리 기관들을 강화하여, 그들이 더 뉴욕을 잘 섬길 수 있게 하는 것을 목표로 한다."[40]

HFNY의 사명은 두 가지 중요한 의미를 가진다. 첫째, HFNY는 자신의 비전을 스스로 달성하지 않는다. 오히려 이미 뉴욕의 가난한 사람을 섬기고 있는 기관들과 연대함을 통해서 자신의 비전을 달성한다. 즉 리디머장로교회는 지역 개발, 사회 개혁에 직접 참여하는 방식으로 뉴욕의 가난한 사람들을 위해 일하지 않는다. 대신 리디머는 HFNY를 통해서 뉴욕의 소외된 사람들을 섬긴다. 이때 HFNY도 직접 참여하기보다는 이미 가난한 사람들을 섬기고 있는 비영리 기관을 후원하는 방식으로 뉴욕 사람들을 섬기고 있다. HFNY는 이와 같은 기관을 '연대 기관

(affiliates)'이라고 부른다. HFNY의 사명은 HFNY가 연대 기관을 자원봉사자 지원, 자금 지원, 역량 증대를 통해 후원하고 있음을 분명하게 보여 준다.[41]

자원봉사자 지원

HFNY는 자원봉사자의 중요성을 강조하며, 이들을 동원해서 연대 기관을 섬기기 위해 노력하고 있다. "자원봉사자는 뉴욕시를 섬기는 우리 사역의 심장이다. 그들이 달걀 프라이를 하든, 빌딩 리모델링을 하든, 영어를 가르치든, 그들은 우리 연대 기관의 사역을 확장하고 있다."[42] HFNY는 자원봉사에 관해서 세 가지를 강조한다.

첫째, HFNY는 자원봉사자에게 장기로 헌신해 주기를 요청한다. HFNY는 성화(sanctification)가 진공 상태에서 발생하지 않고 사람과의 관계에서 이뤄진다고 믿는다. 대부분의 자원봉사자는 그리스도인이기 때문에, HFNY는 자원봉사자가 그리스도인의 사회적 책임 차원에서 봉사할 뿐만 아니라, 자신의 영적 성장을 위해서 장기로 섬겨 주길 격려한다. 2017년에 3,756명의 자원봉사자가 47,130시간 뉴욕시를 섬겼다.

둘째, HFNY는 자원봉사자를 리더로 훈련시키기 위해 자원봉사자 훈련을 제공한다. 이 훈련을 마친 사람은 다양한 분야에서 리더로서 봉사할 수 있다.

셋째, HFNY는 기존 그리고 새로운 연대 기관 모두에 자원봉사자 프로그램을 가지고 있다. 2017년에 19개의 자원봉사자 프로그램이 시작됐다.[43]

자금 지원

HFNY는 45개의 비영리 기관에 자금을 지원하고, 이를 통해 이 기관들이 필요가 있는 이웃을 섬기도록 하고 있다. HFNY의 자금은 비상식량 창고, 직업 훈련 프로그램, 아이들 방과 후 학교, 회복 프로그램, 지역 개발 등 수많은 섬김을 감당하는 연대 기관을 지원하는 데 사용된다.[44] HFNY는 2017년에 2백만 달러(240억 원) 이상을 연대 기관에 지원했다. 이를 구체적으로 살펴보면 다음과 같다. 성인 회복 프로그램에 $704,875, 지역 개발 $479,950, 아이들 돌봄 $426,060, 이민자 지원 $390,830, 추수감사절

및 성탄절 후원 $69,050.[45]

HFNY는 연대 기관이 가장 전략적으로 자금을 잘 사용할 수 있도록 종합 감사를 진행한다. 이때 사용하는 질문은 다음과 같다. 각 연대 기관 리더십은 능력 있고, 효율적이며, 목적 중심인가? 실행한 프로그램이 영향력이 있고, 전인적이며, 복음 중심적인가? 뉴욕시의 필요를 고려할 때, 비전과 전략은 선명하고, 측정할 수 있으며, 강력한가? 재무 관리는 건강하고 청지기 정신에 입각하고 있는가?[46]

역량 증대

HFNY는 연대 기관이 뉴욕의 가난한 사람을 더 잘 섬기길 원한다. HFNY는 연대 기관에 더 많이 투자하기를 원하고, 그 결과 연대 기관이 가난한 사람의 삶에 더 큰 영향력을 미치고 효과를 발휘하길 원한다. 이를 위해 HFNY는 연대 기관의 역량을 증대할 수 있는 훈련 프로그램과 컨설팅을 제공한다.[47] 2017년 HFNY는 두 가지 프로그램, 즉 새롭거나 성장 중인 연대 기관의 기관적 효율

4 자비와 정의(Mercy and Justice) : 사람과 지역 사회의 연결

성을 증대하는 프로그램과 기존 연대 기관을 강화하는 프로그램을 운영했다.

또한 HFNY는 2017년에 연대 기관의 효율성 강화를 위한 네 번의 워크숍도 진행했다. 이 워크숍은 조직 운영에 있어서 중요한 다음과 같은 주제를 다뤘다. 직원 코칭과 동기 부여, 자원봉사자 관리를 위한 효과적인 전략, 효율적인 소통 전략, 탈진을 막기 위한 복음적 접근. 2017년 연대 기관의 110명의 직원이 역량 증대 프로그램에 참여했다. 이 프로그램에 참여했던 연대 기관 직원의 52%가 예산 증대를 경험했고, 사업의 크기도 32% 증가했다. 또한 이 프로그램에 참여한 연대 기관 직원 중 섬기는 사람도 44%나 증가했다.[48]

출애굽 작전(Operation Exodus)

HFNY의 연대 기관 중 하나인, 출애굽 작전은 HFNY가 연대 기관을 통해서 어떻게 뉴욕을 섬기는지 보여 주는 좋은 예다. 출애굽 작전은 워싱턴, 하이츠, 인우드, 브롱스(Washington, Heights, Inwood, and the Bronx)에 있는 유치

원부터 12학년까지의 라틴계 어린이를 섬긴다. 출애굽 작전의 사명은 "뉴욕시에 살고 있는 라틴계 아이에게 교육의 기회와 변혁적 관계를 제공해 주고, 그들을 사랑하고 도전함으로써, 그들이 대학에 가고 탁월한 삶을 살게 하는 것이다."[49] 출애굽 작전이 이 사명을 성취할 수 있도록 HFNY는 세 가지를 한다.

첫째, HFNY는 성경공부, 예배, 과외, 멘토링을 감당할 수 있는 다양한 자원봉사자를 모집한다. 이 자원봉사자는 자신의 시간을 헌신적으로 아이를 위해서 사용하고, 자신의 재능으로 아이를 섬긴다. 이들 중 많은 사람이 아이들의 멘토가 되고, 이사회 멤버, 그리고 기부자가 된다.[50]

둘째, HFNY는 출애굽 작전에게 자금을 제공한다. 이와 같은 자금은 출애굽 작전을 운영하는 데 꼭 필요한 프로그램을 위해 사용된다. 셋째, HFNY는 출애굽 작전을 위한 계속적인 훈련과 컨설팅을 제공한다. 그 결과 출애굽 작전의 사역이 계속해서 확장됐다. 지금 출애굽 작전은 방과 후 학교뿐만 아니라, 대학 진학 지원 프로그램과 부모 지원 프로그램까지 제공하고 있다.[51]

5

문화 갱신(Cultural Renewal)[1]

사람과 세상의 연결

켈러는 복음이 단지 개인의 삶에만 영향을 미치지 않고 공적 영역에도 영향을 미친다고 주장한다. 많은 그리스도인은 신앙이 그들의 직장에 연결되어서는 안 되고, 신앙은 내적 평안만을 얻는 수단으로 여긴다. 켈러는 이와 같은 의견에 반대하며 다음과 같이 말한다. "복음은 변혁적 세계관의 [렌즈]이다. … 변혁적 세계관은 우리가 하는 모든 것에 영향력을 미치는 존재에 대한 포괄적인 해석을 의미한다."[2] 이러한 켈러의 주장은 복음에 대한 명확한 이해가 기독교인이 직장에서 어떻게 생각하고 일하는

가에 큰 영향을 미친다는 것을 보여 준다. 이와 같은 맥락에서 리디머는 복음이 그리스도인의 신앙과 일을 통합하게 하고, 문화 갱신(cultural renewal)에 참여하게 한다는 점을 분명히 한다.

> 복음은 우리 개인의 삶, 그리고 신앙과 연관된 문제에만 영향 미치지 않습니다. 복음은 우리의 공적 생활, 특히 우리가 세상에서 직장 생활을 하고, 일상 생활을 하는 방식에도 영향을 미칩니다. … 기독교인이… 다양한 직종에서… 일을 하기 시작할 때, 그것은 문화를 바꾸고 새롭게 합니다. 복음은 모든 신자에게 새로운 세계관, 새로운 내적 동기와 힘, 그리고 일에 대한 새로운 생각과 지침을 줍니다. 지역 교회는 직접적으로 세상 문화를 바꾸려고 하지는 않습니다. 하지만 지역 교회는 성도를 훈련하고, 그 성도가 세상 문화를 변화시키는 주체(agent)가 되게 합니다.[3]

켈러에 의하면, 교회 핵심 사역 중 하나는 복음의 함의(implications)를 성도가 자기 직장에 적용하도록 돕는 것이다.[4] 리디머는 이 중요한 일을 '신앙과 일 센터(The Center for Faith & Work)'를 통해 실행하고 있다.

신앙과 일 센터는 리디머의 문화 사역 기관이다. "이 기관은 복음의 고유한 힘을 탐구하고 조사하여, 일상적인 일을 통해 우리의 마음, 공동체, 그리고 세상을 새롭게 하기 위해 존재한다."[5] 즉 이 기관은 리디머 가족이 복음의 능력이 가진 독특성을 그들의 직장에 적용할 수 있도록 돕기 위해 존재한다. 복음은 직업에 영향을 미칠 수 있고 또한 미쳐야 한다는 확신 가운데, 신앙과 일 센터의 모든 프로그램, 수업, 행사는 그리스도인이 세상에 적절하게 참여할 수 있도록 연결시키고 훈련시키며 동원하는 일이 진행된다.[6]

연결 사역: 공동체 형성(Connecting: Community Formation)

신앙과 일 센터는 유사한 직종에 종사하는 사람끼리 공동체를 이루는 것이 문화 참여 사역의 필수적인 부분이라고 생각하고 신자들을 연결해 주는 사역을 하고 있다.[7] 이와 같은 생각을 한 이유는 그리스도인이 어떻게 복음을 그들의 직업에 적용할 수 있는지에 대한 날카로운 감각을 혼자 가지기도 어렵고 유지하기는 더 어렵기 때문이다. 리디머의 성도 중 비슷한 직종에서 일하는 사람은 서로 공동체로 연결되어서 복음을 어떻게 그들의 직종에 적용할 수 있을지 함께 연구하고 발전시킨다.[8] 이를 위해 리디머는 직업군에 따른 모임과 매달 열리는 대그룹 모임을 진행한다.

리디머에는 평신도가 이끄는 다양한 직업군 그룹이 있다. 배우 모임, 광고업 종사자 모임, 건축자 모임, 사업가 모임, 댄서 모임, 박사 과정 학생 모임, 교육자 모임, 과학도 모임, 패션업 종사자 모임, 영화업 종사자 모임, 금융권 종사자 모임, 법조인 모임 등 다양한 직업군이 리디머 안에서 모여 공동체를 형성한다.[9] 이 모임들의 초점은 복음의 빛 아래에서 그들의 직업을 생각하고, 복음의 독특성이 어떻게 그들이 일하도록 요구하는지 이해하는 것이다. 또한 리디머는 여러 개의 대그룹 모임을 주최한다. 예를 들어, 2015년 신앙과 일 센터는 '우리의 부르심'이라는 대그룹 이벤트를 주최했다. 이 이벤트는 소명이라는 관점에서 우리의 일을 이해하는 데 초점이 있었고, 550명 이상

의 사람이 이 행사에 참여했다.[10]

구비 사역: 신학 혹은 제자 훈련

(Equipping: Theological and Discipleship Training)

신앙과 일 센터는 그리스도인이 문화 참여 사역을 감당할 수 있도록 그들에게 신학 훈련을 시키는 것에 큰 강조점을 두고 있다. "신앙과 일 센터의 비전의 핵심적인 부분은 성도를 신학적으로, 그리고 영적으로 훈련시켜서 공적 삶을 살게 하는 것이다."[11] 신앙과 일 센터는 이 비전을 Gotham Fellowship, 집중 사역 훈련, 신앙과 일 수업, 컨퍼런스를 통해 성취하려고 한다.[12]

Gotham Fellowship은 9개월 동안 진행되는 훈련 코스로, 일한 지 2년이 안 된 사람을 대상으로 한다. 켈러는 Gotham의 중요성을 다음과 같이 말한다. "Gotham은 리디머장로교회가 지금까지 해온 가장 효율적인 제자 훈련 과정이다. Gotham은 리디머가 지금까지 해온 모든 것을 구체화한다."[13] Gotham 참여자는 세 가지를 해야 한다. 첫째, 참여자는 자기 그룹 사람들과 함께 매일 주어진 성경과 묵상의 글을 읽고 경건의 시간을 가져야 한다. 둘째, 그들은 매주 2시간의 수업을 듣고, 주간 읽은 내용을 토의해야 한다. 셋째, 참여자는 한 달에 한 번 토요 모임에 나와서 훈련받아야 하고, 세 번의 수련회에 참여해야 한다.[14]

Gotham의 중요한 목표 중 하나는 참가자에게 신학적 틀(Theological framework)을 제시하는 것이다. 이 틀을 통해 참가자는 그들의 직장에서 그리스도인으로 존재하는 의미가 무엇인지 이해할 수 있게 된다.[15] Gotham 참가자는 이 목표를 달성하기 위해서 다양한 신학적 주제들을 배운다. 예를 들어, 참가자는 Gotham 수업 가운데 공적 진리로서의 복음에 대해서 배운다.

이 수업의 핵심은 어떻게 예수 그리스도의 복음이 신앙뿐만 아니라, 공적 삶에 영향력 미치는지를 설명하는 것이다. 이 과정에서 참가자는 다양한 세계관을 분석 평가하고, 세속적 세계관의 대안으로 성경적 세계관을 배운다. 이 과정은 참가자가 하나님, 사람 그리고 세상과 바른 관계를 맺는 것을 돕는다.[16] 게다가 참가자는 어거스틴,

칼빈, 오웬, 루터의 다양한 저작을 공부하고 그 과정을 통해 복음을 그들의 공적 영역에 적용할 수 있는 능력을 함양한다.[17]

신앙과 일 센터는 교회 리더를 위한 집중 훈련 프로그램도 개설한다. 이 프로그램은 사역의 현장에서 신앙과 일을 통합하기 원하는 목회자와 평신도 리더를 위한 5일간의 워크숍으로 구성된다. 이 집중 과정의 주 강조점은 '신앙과 일 신학'과 실천적인 사역을 가르치는 것이다. 집중 과정 수업을 위한 자료는 14년간의 신앙과 일 센터의 자료와 10년간의 Gotham Fellowship Ministry 자료로부터 만들어졌다.[18] 또한 신앙과 일 센터는 리디머 성도가 복음 가운데 신앙과 일을 통합할 수 있도록 두 수업을 개설한다.

첫 번째 수업은 6주짜리 초급 수업으로 직업을 향한 하나님의 뜻이 무엇인지 설명하는 것에 초점이 있다. 두 번째 수업은 12주짜리 중급 수업으로, 참여자는 어떻게 복음이 직장 세계에 있는 우상에 도전하는지를 배운다. 또한 그들은 직장 생활에서 경험하는 "깨어짐"을 다루는 창조적인 방법을 발전시킨다.[19] 그 후 Gotham 커리큘럼과 유사한 내용을 배운다. 믿음을 직장에 적용할 수 있는 실천적인 기술과 신학적 토대를 제공한다.[20]

2011년 이후로 신앙과 일 센터는 리디머 전체 회중을 위한 컨퍼런스를 매년 열고 있다. 핵심적인 주제는 다음과 같다. 2011년 '복음과 문화 컨퍼런스', 2012년 '하나님과 씨름하기: 일을 다시 생각함', 2013년 '일을 인간화하는 것', 2014년 '모든 것을 새롭게 하기'.[21] 2016년 500명이 넘는 그리스도인이 컨퍼런스에 참여했다. 이때 주제가 '기술의 놀라움과 두려움'이었다.[22] 2017년 '하나님의 영광을 위하여 일하도록 창조됨 컨퍼런스'에서 신앙과 일 센터는 인류가 자기 일을 통해서 하나님의 영광을 드러내도록 창조되었다는 사실을 분명히 했다.[23] 2016년 신앙과 일 센터 연말 보고서에 의하면, 신앙과 일 센터는 4,400명의 사람들이 수업, 워크숍, 프로그램, 컨퍼런스를 통해 신앙과 일을 통합하는 데 도움을 주었다.[24]

5 문화 갱신(Cultural Renewal) : 사람과 세상의 연결

동원 사역: 상상과 혁신을 통해

(Mobilizing: Through Imagination and Innovation)

신앙과 일 센터는 복음을 창조적이고 혁신적으로 적용하기 위해 뉴욕시 전역에 있는 사람들을 동원하려고 노력한다. 사람을 효과적으로 동원하기 위해서 신앙과 일 센터는 '예술 사역 프로그램(Arts Ministry)' 그리고 '기업가 정신과 혁신 프로그램(Entrepreneurship and Innovation)'을 시행한다.[25]

예술 사역 프로그램은 뉴욕 전역에 있는 예술가들의 창작 활동을 강화하고 촉진하며 장려하고 있다.[26] 리디머 회중의 대략 18% 정도 성도가 음악, 연극, 시각 예술, 무용, 글쓰기, 디자인 같은 예술 분야와 관련된 일을 하고 있다. 신앙과 일 센터는 이와 같은 예술가들이 복음을 그들의 일터에 구현할 수 있도록 돕고 있다.[27]

또한 이 센터는 'Artist-in-Residence 프로그램'을 시행하고 있다. 이 프로그램은 신진 그리고 기존 예술가를 지원하고 예술의 본질적이고 창조적 가치를 기리는 것을 목표로 한다. 신앙과 일 센터는 이 프로그램에 참여하는 예술가들이 자기 작품의 신학적 의미를 이해할 뿐만 아니라, 뉴욕의 문화 형성자라는 자신의 책임도 이해하도록 돕고 있다.[28] 지난 몇 년 동안, 이 프로그램에 참여했던 예술가는 시각 예술가, 작곡가, 영화 제작자, 작가, 사진 작가, 댄서, 시인, 화가, 그리고 스토리텔러 등이 있었다.[29]

기업가 정신과 혁신 프로그램은 리디머 회중 중에서 기업가들이 자신의 사업 가운데 복음 중심 비전을 가질 수 있도록 돕고 있다.[30] 기업가에게 신학적이고 실제적인 도움을 주기 위해, 신앙과 일 센터는 '믿음과 기업가 정신 수업' 그리고 '기업가 정신 집중 과정'을 제공한다. 전자는 6주 과정으로 사업 초기 단계에 있거나 비영리 기관에서 일하는 사람에게 필요한 과정이다.[31] 후자는 3개월 집중 과정으로 진행되며, 기업가가 복음에 의해 추진되는 공익 사업뿐만 아니라, 이익을 위한 사업에도 도움이 되도록 디자인됐다. 이 집중 교육 과정은 Gotham 교육 과정의 요약판이다.[32]

또한 신앙과 일 센터는 공익을 위한 복음 중심 사업을 추진하기 위해 'Startup Pitch Night'을 개최한다.[33] 이 행사는 사업 계획 공모전으로, 이 행사의 참여자는 성경적 그리고 전략적으로 자기 사업을 생각할 기회를 얻는다. 이 행사에 참여하는 모든 참가자는 자신의 사업 계획을 청중과 심사단 앞에서 발표해야 한다. 사업 계획이 선정된 사람은 상금을 받게 되고, 신앙과 일 센터는 그를 비지니스 계통의 핵심 리더와 연결해 주고서 코칭을 받을 수 있도록 돕는다.[34]

6
복음 운동(a gospel movement)
복음 중심 교회 개척

켈러에 의하면, 리디머장로교회는 리디머와 핵심 가치를 공유한 복음 중심 교회를 개척함으로써, 복음 운동의 촉매자가 되려고 한다.[1]

| **복음 운동**(a gospel movement) |

리디머는 복음 운동이 무엇인지 다음과 같이 정의한다.

한 운동(a movement)은 갱신된 교회, 개척된 교회, 다양한 전문 사역(기도, 전도, 청년 대학생 사역, 신앙과 직업 통합 사역, 자비와 정의 사역을 행하기 위해 회중과 평신도를 동원하고 통합하는 사역을 의미한다), 그리고 다양하고 새로운 기관(institutions), 비영리 단체, 예술가 모임, 조직(organizations), 그리고 회사 사이의 역동적인 상호 작용 관계입니다. 진정한 운동 안에서(in a true movement) 위에 언급된 단체들은 공통적인 비전 그리고 혁신과 협력 정신을 공유합니다. 이 단체들이 맺는 관계는 운동에 포함된 모든 당사자를 자극하고, 도시 안에 있는 그리스도의 몸(Body of Christ)이 인구 증가보다 더 빠르게 늘어나도록 합니다. 이와 같은 결과는 중앙 통제적이지 않고, 자연스러운 결과입니다. 새롭고 많은 사역과 교회가 시작됩니다. 교회에는 회심한 사람들과 변화된 사람들이 많아집니다. 이 운동은 또한 도시에서 가족생활을 지원하고 지도자를 양성할 수 있는 학교와 신학 훈련 센터와 같은 기관을 필요로 합니다. 이 운동은 무엇보다 부족적 관점(tribal)이 아니라, '하나님 나라' 관점을 그리스도인이 가질 것을 요구합니다. 이와 같은 관점은 복음의 은혜를 아는 것과 그것의 토대가 되는 성경 신학을 이해함으로 생성될 수 있습니다.[2]

켈러는 복음 운동이 무엇인지 복음 운동의 개인적, 공동체적 양상(aspect)을 통해서 설명한다. 개인적으로 복음 운동은 사람이 복음의 본질적인 의미를 올바르고 새롭게 깨달을 때 생겨난다. 그는 이 부분에 대해서 다음과 같이 말한다. "복음 운동은 복음이 새롭게 발견되고, 집중받고,

이해되어 삶에 역동적인 능력이 될 때 발생한다."[3] 즉 개인적 양상의 복음 운동은 복음이 율법주의나 율법폐기주의와 얼마나 다른지 분명하게 깨달을 때 나타난다.[4] 급진적 은혜의 복음(redical gospel grace)이 개인에게 선포될 때 세 가지 일이 발생한다. 명목상의 그리스도인이 회심하고, 잠자고 있던 그리스도인이 깨어나며, 불신자가 교회에 와서 회심한다.[5]

켈러는 개인적, 그리고 공동체적 복음 운동의 관계가 공생 관계라고 주장한다. 왜냐하면 개인적 차원의 복음 운동이 더 많이 발생하면 할수록, 더 많은 교회가 복음에 근거한 균형 잡힌 사역을 더 효과적으로 할 수 있기 때문이다.[6] 켈러는 공동체적 복음 운동을 경험하는 교회가 다섯 가지 사역의 균형을 가진다고 말한다. "① 견고한 하나님 말씀의 가르침과 설교, ② 기름 부으심 있는 예배와 열정적 기도, ③ 사랑이 넘치는 교제와 두터운 공동체, ④ 외부를 향한 담대한 전도, ⑤ 적극적인 사회 정의 참여." 개인과 공동체적 복음 운동이 공생 관계에 있기 때문에 공동체적 차원에서 균형 잡힌 다섯 가지 사역을 수행하는 교회는 더 많은 사람을 교회로 인도할 수 있고, 그렇게 교회로 인도된 사람은 개인적 차원의 복음 운동 가운데 은혜의 복음을 이해하게 된다. 복음을 이해한 그들은 또한 균형 잡힌 다섯 가지 사역에 더 적극적으로 참여하게 된다.[7]

켈러는 복음 운동이 신자가 아니라 하나님에 의하여 만들어진다고 주장한다. "그리스도인이 복음 운동을 만들어 낼 수 없다. 복음 운동은 초자연적인 역사다."[8] 그는 복음 운동이 하나님의 역사라는 사실을 분명하게 하기 위하여 고린도전서 3장 6~8절에 나오는 농사의 비유를 사용한다. 이에 의하면 복음 운동은 두 요소, 곧 하나님과 농부가 일한 결과이다. 농부의 기술과 성실함은 중요하지만, 땅의 상태와 날의 조건이 본질적으로 더욱 중요하다. 마찬가지로 하나님은 개인의 마음이 하나님의 말씀에 열리게 하여, 열매 맺게 하실 수 있는 유일한 분이다. 농부는 농사를 위한 효율적인 기술로 성실하게 일할 수 있지만, 열매를 맺게 할 수는 없다. 켈러는 하나님만이 식물을 자라게 하실 수 있는 유일한 분이라고 주장한다.[9]

켈러는 비록 그리스도인이 복음 운동을 만들어 낼 수는 없지만, 복음 운동의 청지기일 수 있고, 청지기이어야 한다고 주장한다.[10] 그에 의하면 복음 운동의 청지기가 되는 가장 전략적인 방법은 도시에 교회를 개척하는 것이다. "계속 적극적으로 교회를 개척하는 것은 다음 두 가지를 위한 가장 중요한 전략이다. 도시 안에 그리스도 몸의 숫자를 증가시키는 것, 도시 안에 있는 교회가 공동체적으로 갱신되고 부흥하는 것."[11] 이와 같은 맥락에서 리디머는 교회 개척을 리디머의 핵심 가치로 만들어 교회 개척의 중요성을 강조하고 있다.

우리는 도시 복음 운동 중심에 교회 개척이 있다고 믿습니다. 한편으로 우리는 교회 개척이 [우리에게] 필요한 모든 것이 아니라는 사실을 알고 있습니다. 기존 교회들이 복음으로 새로워져야 합니다. 그리스도인은 전도하고 정의를 행하며, 신앙과 일을 통합해야 합니다. 교육 기관, 예술가 집단, 비영리 단체가 새롭게 시작되어야 합니다. 그럼에도 불구하고 오래된 교회를 새롭게 하고, 도시에 기독교인, 사역자, 기부자 수를 늘리는 가장 좋은 방법은 새로운 교회를 개척하는 것입니다. 교회 개척은 리디머의 우선순위입니다. 따라서 우리는 수백 개의 새로운 교회를 개척하는 것과 개척을 돕는 일에

6 복음 운동(a gospel movement) : 복음 중심 교회 개척

헌신합니다. 또한 동시에 도시 모든 사람을 위한 복음 생명력의 갱신(a renewal of gospel vitality)을 위해 일하고 있습니다.[12]

리디머는 교회 개척을 촉진하기 위해, '리디머교회 개척센터'를 리디머의 일부분으로 세웠다. 2008년 이 기관이 독립된 비영리 기관인 '리디머 시티 투 시티(Redeemer City to City, CTC)'가 되었고, 시티 투 시티는 뉴욕과 전 세계 도시에 교회 개척을 돕고 있다.[13]

| **리디머 시티 투 시티** |

CTC는 사명 선언문을 통해서 CTC가 복음 운동을 일으키기 위해 리더십 개발과 도시 선교에 집중하겠다는 것을 분명히 했다. "우리의 사명은 도시 복음 운동을 일으키기 위해 리더를 돕는 데 있다."[14]

리더십 개발

CTC는 복음 운동을 위해 CTC가 해야 하는 가장 중요한 책임 중 하나가 교회 개척자를 훈련하는 일이라고 생각한다. "교회 개척자는 전 세계적 복음 운동의 열쇠이다. CTC는 복음 운동을 일으키기 위해서 전 세계 도시 리더들을 훈련한다."[15]

CTC는 특정한 리더를 준비시킬 목적을 가지고 있다. "CTC가 세울 리더상은 복음 중심적이고, 문화에 민감하며, 도시를 섬기고, 협동적이다."[16] 켈러에 의하면 복음 중심적인 그리스도인은 복음, 율법주의, 율법폐기주의가 가진 근본적인 차이를 구분할 수 있는 사람이다. 문화에 민감한 리더는 문화와 복음 사이에 불건전한 양극단(문화 순응과 문화 기피)을 피하고 상황화된 복음 사역을 감당하는 사람이다. 따라서 이들은 복음 메시지를 상실하지 않고, 문화에 도전하고 연결하며 적응한다.[17] 도시를 섬기는 리더는 말만이 아니라 사회적 정의를 행하는 삶으로 도시를 섬긴다. 이들은 또한 자신의 신앙과 일을 통합시키려고 노력하는 사람이다. 마지막으로 협동적인 리더는 다른 사람과 다른 교단 혹은 다른 신학적 배경을 가지고 있는 사람과도 복음 운동을 위하여 협력하는 사람이다.[18]

CTC는 이와 같은 리더를 훈련과 코칭을 통하여 양성

6 복음 운동(a gospel movement) : 복음 중심 교회 개척

한다. "우리는 리더와 교회 개척자가 열매 맺는 사역을 할 수 있도록 고유한 능력과 사고방식을 갖추도록 훈련한다. … 우리는 교회 개척자와 함께 걸으며, 그들이 교회를 시작하고 복음 운동을 섬기는 모든 과정에서 함께 한다."[19] CTC는 다음과 같은 다양한 훈련과 코칭 프로그램을 제공한다.

도제 프로그램: 22~28살 청년이 목회자 혹은 리더의 부르심을 탐구하고 발전시키는 9개월 과정

신학교 프로그램: Reformed Theological Seminary와 파트너십으로 제공하는 M.A in Biblical Studie 과정

City Ministry Year: 팀 켈러가 고안한 프로그램으로 뉴욕에서 사역하기 위한 실제적인 신학 프로그램. 설교, 선교, 목회, 리더십 네 주제를 다룸

Fellow Program: 교회 개척자를 위한 1년 과정의 훈련

Incubator: 교회 개척의 중요 국면에 있는 목회자를 지원하기 위한 프로그램으로 2년간 훈련과 코칭을 제공

Incubator Gorough Collectives: 이중직 가운데 있는 교회 개척자와 목회자를 위한 2년 과정의 훈련 프로그램

City Lab: 60+뉴욕 교회 리더들이 두 달에 한 번씩 모여 훈련받고 상호 격려하는 모임[20]

또한 CTC는 해외 교회 개척자들을 위해서도 다양한 프로그램을 제공한다.

Incubator: 이것은 교회 개척자를 섬기고 훈련시키며 발전시키는 2년 과정의 프로그램이다. 이 프로그램은 현지 사역자에 의하여 진행되고, 참여자는 자신의 사역 계획, 사역 개발, 설교 등에 대한 글을 쓰고 이에 대한 실제적인 도움을 얻는다.

Intensive: Incubator 프로그램이 제공되지 않는 곳에서 Intensive가 제공된다. Incubator 커리큘럼을 몇 주 훈련으로 집약한 것이 바로 Intensive다.

Train for Trainer: 이 프로그램은 현지 리더가 CTC의 Incubator 훈련을 습득해서, 현지 교회 개척자를 훈련할 수 있도록 만드는 프로그램이다.

Gospel in the City: 이틀간의 교육으로, 이 교육에 참여한 사람은 어떻게 복음이 사람의 마음, 교회, 도시를 변화시킬 수 있는지에 대한 신학적이고 실제적인 깨달음을 얻는다.

Coaching: 새로운 교회 개척자가 CTC에서 훈련받고 교회 개척을 이미 한 자와 그룹을 이룬다. 그리고 새로운 개척자는 사역의 문제

6 복음 운동(a gospel movement) : 복음 중심 교회 개척

를 어떻게 헤쳐 나갈 수 있는지 그리고 복음을 어떻게 삶에 적용할지에 대한 코칭을 받는다.

Online Learning: 개인과 교회 팀은 사역 계획, 부르심, 운동의 역동성 등 중요한 주제에 대한 실제적이고 통찰력 있는 수업을 듣는다.

CTC Partnership: 2년 과정의 프로그램으로, 해외에 있는 새로운 교회가 미국에 있는 기존 교회와 파트너십을 맺어 경제적으로 지원받고, 켈러와 CTC 팀이 맞춤 훈련을 제공한다.[21]

팀 켈러의 책 『센터처치』는 모든 수업과 코칭의 핵심 자료이다.[22]

도시 교회 개척

CTC는 복음 운동의 청지기로서 세계적인 도시에 교회를 개척하는 것에 헌신한다. 이렇게 CTC가 '세계 도시 교회 개척'에 헌신하는 이유는 두 가지다. 첫째, CTC는 도시 선교의 필수성을 인식한다. 현재 세계 인구의 대략 50%가 도시에 살고 있고, 2050년에는 대략 70%가 도시에 살게 될 것이다.[23] 이와 같은 현상은 도시 선교가 선택이 아니라, 필수라는 사실을 보여 준다.[24] 둘째, CTC는 구속사 관점에서 도시가 전략적 중요성을 가진다고 주장한다. "성경적으로, 도시는 구속사의 중심 역할을 한다. 예루살렘의 도시 건설, 바벨론의 축복을 위한 호소, 로마 제국 도시를 통한 기독교의 전파, 이 모든 순간들은 하나님께서 도시의 영향력을 이용하여 그의 백성들을 동원하고 온 나라를 섬기고 돌보시는 순간들이었다."[25] 켈러 또한 CTC를 소개하는 영상 "리디머 CTC가 무엇인가?"에서 도시의 중요성을 다음과 같이 말한다. "도시는 복음 사역을 위한 가장 전략적으로 중요한 곳이다."[26]

CTC와 켈러가 구속사에서 도시의 중요성을 강조한다는 것은 그들이 도시에 대한 긍정적인 입장을 가지고 있다는 것을 보여 준다. 이 긍정적인 입장은 몇몇 그리스도인이 가난, 범죄, 노숙자 등 도시 내부의 부정적 문제를 강조하여 보여 주는 것과 대조된다. 도시에 대한 부정적 입장을 가진 사람은 도시 선교 사역을 이야기할 때, 보통 도시 문제를 해결하는 사역에 집중한다. 그 결과 그들이 도시를 생각하면, 그들 마음에는 도시의 부정적 문제들이 가득 채워진다. 도시에 대한 부정적인 입장은 결국 사람이 도시로부터 벗어나고 싶은 마음을 가지게 한다.

그런데 CTC와 켈러는 하나님께서 도시를 세우셨기 때문에, 도시에 대한 긍정적인 입장을 가진다. 켈러는 말한다. "하나님께서 도시를 세우셨다. 하나님은 도시 건축가이고 도시 설계자이다."[27] 하나님은 자기 백성이 도시를 세우도록 허락하셨고, 그 도시에서 자신의 백성과 함께 사신다. 이런 의미에서 리디머 또한 도시에 대한 긍정적인 입장을 가지고 있고, 그리스도인이 도시에 살 것을 다음과 같이 격려한다.

리디머장로교회에서 우리는 도시에 대해 긍정적이고 균형 잡히고 성경에 뿌리를 둔 견해를 가지고 있습니다. 우리는 도시를 매우 긍정적으로 보며, 오늘날 기독교인이 살고 사역하기에 가장 전략적인 장소로 보고 있습니다. 또한 우리는 도시가 인간의 삶과 번영을 위해 많은 유익을 끼치고 있다는 사실도 인지하고 있습니다. 따라서 우리는 기독교인이 도시에 머물러 살 것을 권유합니다. 우리는 우리의 리더들이 도시 생활에서 활력을 얻고 도시를 누릴 수 있기를 바랍니다.[28]

CTC는 리더들이 도시에서 복음 중심의 교회 개척을

할 수 있게 돕고 있다. 켈러는 도시가 하나님의 선한 계획이지만, 죄가 도시를 뒤틀어버렸고 고통과 아픔의 장소로 변질되었다는 사실도 인지하고 있다.[29] 이와 같이 죄의 영향력 가운데 깨어진 도시를 회복할 수 있는 유일한 방법은 도시 안에 복음 중심 교회를 세우는 것이다. CTC는 이에 대해 다음과 같이 말한다.

> 우리는 리더들이 복음 중심 교회를 세우도록 돕고 있습니다. 우리는 단순히 복음을 믿는 교회가 아니라 복음 중심 교회가 도시에 필요하다고 믿습니다. 복음 중심 교회란 복음이 전파되어 삶의 모든 요소와 통합되는 교회입니다. 이 교회는 복음만이 하나님의 능력이라는 인식과 함께 시작됩니다(롬 1:16). 능력의 복음은 교회가 겸손하면서 동시에 담대하게 도시의 샬롬을 추구하게 합니다. 우리는 리더들이 복음 중심 교회—복음이 온전하게 선포되고, 공공선을 위해 살며, 제자가 세워지고, 자원이 나눠지며, 가난한 이들이 돌봄받는—를 세우도록 돕습니다.[30]

CTC는 위와 같은 복음 중심 교회를 뉴욕과 세계 도시에 세우기 위해 리더를 훈련하고 있다. 2017년 CTC 연말보고에 의하면, CTC는 16,000명의 리더를 훈련했다. 또

6 복음 운동(a gospel movement) : 복음 중심 교회 개척

한 같은 도시 혹은 지역에 사는 리더들을 서로 연결해 주기 위해 57개의 네트워크를 만들었다. 이 네트워크들은 교회를 개척하고, 복음으로 그들의 도시를 섬기기 위해 협력하는 것을 목표로 한다. 이들 네트워크를 통해 495개 교회가 새롭게 출발했다.[31]

나가며

켈러는 복음이 리디머에서 행한 전도, 공동체 형성, 자비와 정의, 문화 참여 사역을 이끄는 역동성을 가지고 있다고 주장한다.[1] 그는 다음과 같이 말한다.

은혜의 경험은 우리를 구원하신 하나님에 대한 친밀하고 영광스러운 예배뿐만 아니라 전도에도 영감을 준다. 그것은 깊은 우정을 가능하게 하는 새로운 투명성과 개방성을 창조한다. 복음의 은혜는 우리를 겸손하게 하고 정의에 대한 새로운 열정을 준다. 그리고 복음의 본질은 우리가 사회에서 일을 하고 삶을 사는 방식을 왜곡하는 우리 자신과 우리 문화 속의 우상 숭배를 분별하는 데 도움을 준다.[2]

켈러는 복음이 교회로 하여금 한 가지 사역에 치우치게 하지 않고, 통합적인 사역(wholistic ministry)을 하도록 이

끈다고 주장한다. 즉 교회는 복음의 역동성 때문에 전도, 공동체 형성, 자비와 정의, 문화 참여 사역 모두를 행하게 된다. 그는 현대 교회가 자비와 정의, 문화 참여 사역에 초점을 맞춘 자유주의 진영, 전도와 제자화에 집중하는 보수주의 진영으로 나뉘는 것이 문제라고 지적한다. 복음의 역동성은 통합적인 사역을 이끄는데, 교회들이 그 복음의 역동성을 제한하고 있다는 것이다. 이에 대해 켈러는 다음과 같이 말한다.

> 복음은 교회가 [보수와 진보로] 양분화되는 것을 거부한다. 왜냐하면 복음은 죄로부터의 회심을 가능하게 하며, 그와 동시에 깊고 강력한 사회적 변화를 일으키기 때문이다. 복음은 우리 마음에 있는 이기심과 우상 숭배적 가치에 도전한다. [또한] 복음은 권력, 지위, 명예, 부와 같은 세상의 가치에도 도전한다. … [따라서] 우리는 보수적 교회가 주로 전도에 강조점을 두는 것 혹은 자유주의 교회가 정의에 관심을 두는 것을 따르지 않는다. 대신 우리는 의도적으로 양자 모두를 강조한다.[3]

이 책의 목적은 켈러가 리디머에서 행한 사역이 그의 삶에서 어떻게 형성되었고, 그의 복음 이해가 리디머장로교회에서 어떻게 구체적으로 나타났는지 살펴보는 것이다. 필자는 이 목적을 달성하기 위해 세 가지 연구 문제를 설정했다.

| 팀 켈러의 삶과 경험이 준 영향 |

첫 번째, 팀 켈러의 삶과 경험이 말씀 사역과 행동 사역의 통합을 강조한 그의 사역에 어떤 영향을 주었는가?

이 질문은 1장에서 대답이 되었다. 켈러는 어린 시절 개인의 주관적 감정이 아니라, 변하지 않는 진리에 근거해서 사회 정의 문제를 다룰 수 있는 그리스도인을 찾기 원했다. 당시 정의를 부르짖던 사회주의자들은 객관적인 진리를 인정하지 않았고, 단지 개인의 주관적 감정 가운데 정의를 추구했다. 그런데 이런 입장은 개인의 감정에 근거했기에 가변적이었다. 반면에 전통적인 교회는 변하지 않는 진리를 가졌지만, 사회 정의 문제에 대해서 무관심했다. 이에 켈러는 제3지대, 곧 변하지 않는 하나님의 본성에 근거해서 사회 정의를 추구하는 그리스도인을 찾기 원했다.[4] 켈러는 버크넬 대학 IVF에서의 교제를 통해서 제3지대의 존재 가능성을 알 수 있었다.

켈러는 그의 첫 목회 가운데 전도와 제자화의 열매(말씀 사역의 열매)를 그리스도 중심 설교를 통해서 경험할 수 있었다. 또한 그는 사회 참여 사역의 중요성을 그의 박사 논문을 쓰면서 깨달았고, 이를 교회 사역에 적용해서 열매 맺을 수 있었다(행동 사역의 열매).

켈러는 필라델피아 웨스트민스터에서 교수 사역을 하며, 8년간의 교회 사역을 점검하고 발전시킬 수 있었다. 또한 이 기간 교단의 도시 선교 책임자가 되어서, 다양한 구제와 정의 사역을 필라델피아에서 경험할 수 있었다.

켈러는 리디머장로교회를 개척하며, 이 교회가 20세기 자유주의 교회 그리고 전통적인 교회와 다른, 제3지대의 교회임을 명시했다. 말씀 사역과 행동 사역 모두에 힘쓰는 균형을 추구하기 위하여 리디머는 전도와 공동체 형성을 위해 말씀을 전할 뿐만 아니라, 신앙과 일 센터를 통해 문화 참여 사역을, HFNY을 통해서 구제 정의 사역을, CTC를 통해서 전 세계적 교회 개척 사역을 추구하고 있다.

두 번째, 켈러의 복음 이해가 리디머장로교회에서 전도와 공동체 형성의 구체화된 예로 어떻게 나타났는가?

이 질문은 2, 3장에서 대답이 되었다. 켈러는 후기 기독교 시대에 단 번의 복음 선포를 중심으로 한 전도 프로그램보다(ex. 전도폭발과 사영리) 과정 전도가 더 적합하고 효과적이라고 주장한다. 이에 그는 교회 안에서 전도 다이나믹(문화)을 생성하는 데 초점을 맞추고 사역을 진행한다. 전도 다이나믹을 생성하기 위해서 첫째, 그는 복음의 직접적인 적용점을 회중에게 자주 설교한다. 이를 통해 복음 전도의 가장 흔한 장벽인 교만, 두려움, 비관주의, 무관심을 제거한다. 둘째, 켈러는 리디머의 신자들이 전 성도 말씀 사역에 참여하길 독려한다. 전 성도 말씀 사역은 유기적, 관계적, 말씀 전달적, 그리고 적극적이라는 특징을 지닌다. 셋째, 켈러는 신자가 관계적 신실성을 가질 수 있도록 돕는다. 여기서 관계적 신실성이란, 불신자와 같음을 통해서 동질성을, 다름을 통해서 매력을, 참여함을 통해서 그들의 영적 필요를 채워 주는 것을 의미한다. 넷째, 켈러는 전도 접촉점의 점진적 단계, 즉 유기적 비공식적 단계부터 조직적 공식적 단계까지 설정하고, 이를 통해 불신자의 상태에 따라 단계별로 접근한다.

켈러는 전도에 기독교 변증과 상황화 단계가 있다고 말한다. 켈러에 의하면 포스트 모던의 영향 아래에서 기독교 변증은 피할 수 없는 현실이다. 왜냐하면 불신자는 자신이 왜 복음을 믿어야 하는지 이유를 알기 원하기 때문이다. 켈러는 변증의 한 가지 방법으로 신자가 믿음에 근거한 것처럼, 불신자도 믿음에 근거하고 있다는 사실을 보여 준다.

또한 켈러는 비록 복음의 메시지가 변하지 않는 진리이지만, 복음 전도에 있어서 상황화가 필수적이라고 말한다. 그 이유는 복음의 진리가 언어로 전달되어야 하는데, 언어는 문화의 옷을 입고 있어서 가변적이기 때문이다. 따라서 켈러에게 있어서 상황화는 복음의 본질적인 메시지를 보존하고, 그 본질적인 메시지를 불신자가 분명하게 이해할 수 있도록 비본질적 요소를 수용하는 핵심 과정이다.

켈러는 예배의 목적이 전도 혹은 양육이 아니라, 하나

님을 경배하는 데 초점을 맞춰야 한다고 주장하고, 이를 위해 리디머는 '전도적 예배'를 드린다. 켈러에 의하면, 예배의 목적을 경배에 맞추면 주일 예배 가운데 전도와 양육이 동시에 일어난다. 이를 위해 켈러는 목회자에게 복음 중심 설교를 하라고 독려한다. 복음이 칭의(불신자를 위한 전도)와 성화(신자를 위한 성장)를 위한 토대이기 때문에, 복음 중심 설교를 예배 가운데 하면, 전도와 성장이 동시에 일어날 수 있다는 것이다. 켈러는 전도적 예배를 드리기 위한 세 가지 구체적 지침도 말한다.

① 불신자가 이미 예배에 참여했다고 가정하라.
② 불신자가 이해할 수 있게 예배드리라.
③ 불신자가 예배 중 혹은 후에, 복음에 반응할 기회를 주라.

켈러는 복음이 공동체 형성의 근간임을 세 가지 이유로 설명한다. 첫째, 창세기 3장에 의하면 하나님과 깨어진 관계가 인간 공동체를 파괴했기 때문에, 복음을 통해 하나님과의 관계를 회복하지 않으면, 진정한 공동체가 생겨날 수 없다. 둘째, 마치 전쟁 생존자들이 함께 공유한 경험이 더 강한 유대감을 형성하게 하는 것처럼, 놀라운 은혜의 복음을 경험하는 것은 더 굳건한 기독교 공동체를 형성하게 한다. 즉 복음의 은혜는 세상에서 가장 강력하고 위대한 경험이며, 이 경험은 사람이 가진 사회 계급, 인종, 문화를 뛰어넘을 수 있을 정도로 강력해서 그리스도인을 하나의 공동체로 묶을 수 있다. 셋째, 복음은 공동체 형성의 장애물인 시기, 교만, 열등감, 우월감을 무너뜨린다.

켈러는 공동체 형성을 영적 성장(제자화)으로 간주한다. 왜냐하면 영적 성장은 교실에서 발생하지 않고, 복음의 구체적 양상이 발현되는 친밀한 공동체에서 나타나기 때문이다. 이와 같은 맥락에서, 리디머의 제자 훈련의 장은 교실이 아니라 소그룹이다. 소그룹에서 리더는 차기 리더들을 발굴하고, 멘토링하고 훈련하여 파송한다. 소그룹 리더는 자신의 소그룹 구성원의 영적인 필요에 따라 개인적인 양육을 해줄 뿐만 아니라, 리디머에서 제공하는 다양한 컨퍼런스와 수업을 듣도록 독려한다. 또한 리디머에서 행하는 자비 구제 사역에 함께 자원봉사자로 참여하여 교제하고 봉사하며 건강한 영적 성장을 도모한다.

세 번째, 켈러의 복음 이해가 리디머장로교회에서 자비와 정의, 문화 참여, 교회 개척의 구체화된 예로 어떻게 나타났는가?

이 질문은 4, 5, 6장에 대답이 되었다. 리디머는 자비와 정의 사역을 집사회(Diaconate)와 HFNY를 통해서 실행하고 있다. 집사회는 리디머에 정규적으로 출석하거나 등록 교인 중에서 실제적인 필요가 있는 사람을 돕기 위해 존재한다. 집사회는 그들의 다양한 필요를 채워 주기 위해, 기본 생계가 가능할 수 있도록 경제적으로 돕거나, 영적 필요를 채워 주기 위해 공동체가 되어 주거나, 상담을 받을 수 있도록 비용을 지불해 주거나, 직업을 찾을 수 있는 실제적인 안내를 해준다.

리디머는 뉴욕시를 위한 자비와 정의 사역을 위해 HFNY를 세웠다. HFNY는 리디머로부터 독립된 비영리 기관이다. 리디머가 독립 기관인 HFNY를 세워서 자비와 정의 사역을 한다는 것은 리디머가 자비와 정의 사역의 한계를 두고 있다는 것을 의미한다. 즉 리디머는 지역 교회로서 구제(relief)와 부분적인 공동체 개발(community development)에 참여하여 가난한 사람을 돕지만, 전적인 공동체 개발과 사회 개혁(social transformation)은 HFNY가 감당하게 한다. HFNY도 직접적으로 모든 공동체 개발과 사회 개혁에 참여하지 않는다. 대신 현재 공동체 개발과 사회 개혁에 참여하고 있는 비영리 기관을 선정한다. 이렇게 선정된 기관은 연대 기관(affiliates)이라 불리고, HFNY는 연대 기관이 자신의 사역을 잘 감당할 수 있도록 자원봉사자와 자금을 지원하고, 연대 기관의 역량을 증대할 수 있도록 훈련하고, 컨설팅을 제공한다.

켈러는 복음이 개인적인 삶과 공적인 삶 모두에 지대한 영향을 미친다고 확신한다. 그 이유는 그리스도인이 복음이라는 렌즈를 통해 세상을 파악하고 이해하기 때문이다. 따라서 켈러의 관점에서 본다면, 복음은 단지 개인이 구원받을 때만 필요한 것이 아니라, 그리스도인이 자신의 직업을 생각하고 일하는 방식에도 영향을 준다. 리디머는 기독교인이 복음에 비추어 직업을 생각할 수 있도록 '신앙과 일 센터(the center for faith and work)'를 설립했다.

신앙과 일 센터는 신자가 자신의 일에 복음의 역동성을 적용할 수 있도록 다양한 훈련 프로그램과 수업, 이벤트를 제공한다.

신앙과 일 센터는 "연결하고, 훈련하고, 동원한다 (connecting, equipping, mobilizing)"는 세 가지 전략을 가지고 있다. 먼저 신앙과 일 센터는 유사 직업군에 속한 사람을 연결하는 사역을 진행한다. 유사 직업군에 속한 사람들이 공동체를 형성하는 것은 아주 중요한데, 그 이유는 복음적 세계관이 자신의 직업에 어떻게 적용될 수 있는지 깨닫도록 서로 도울 수 있기 때문이다. 이와 같은 공동체를 형성하기 위해 신앙과 일 센터는 다양한 직업군 모임을 제공하고, 같은 직업군이 만날 수 있는 대그룹 모임도 주최한다.

또한 신앙과 일 센터는 신자가 복음적 세계관을 가지고 자신의 직업을 이해하고 해석할 수 있도록 신학 훈련을 제공한다. 이 훈련에 참여하는 신자는 자신의 직업을 갖는다는 것이 그리스도인으로서 무슨 의미가 있는지에 대한 신학적 틀(a theological framework)을 가지게 된다. 이 훈련을 위해 신앙과 일 센터는 Gotham Fellowship, 집중 훈련 과정, 다양한 컨퍼런스를 제공한다. 또한 신앙과 일 센터는 Arts Ministry와 Entrepreneurship and Innovation 프로그램을 통해서 예술과 사업 등 전문 분야에서 일하는 사람들을 동원하고 있다.

켈러는 복음 운동(a gospel movement)의 청지기로서, 리디머와 핵심 가치를 공유한 복음 중심 교회를 개척하기 위해서 노력하고 있다. 복음 운동은 성령님의 역사를 통해, 복음이 다시 강하게 깨달아지고, 인간의 삶을 움직이는 원동력이 될 때 발생한다. 복음 운동은 개인적 차원과 공동체적 차원으로 나눠서 설명될 수 있다. 개인적 차원의 복음 운동은 명목상의 그리스도인이 회심하고, 잠자던 그리스도인이 깨어나고, 불신자가 교회에 와서 회심하는 것이다. 공동체적 차원의 복음 운동은 다섯 가지 요소의 균형을 가진다.

① 견고한 하나님 말씀의 가르침과 설교
② 기름 부으심 있는 예배와 열정적 기도

③ 사랑이 넘치는 교제와 두터운 공동체
④ 외부를 향한 담대한 전도
⑤ 적극적인 사회 정의 참여

리디머는 복음 운동의 청지기로서 충성되게 섬기기 위해 CTC를 설립했다. 리디머로부터 독립된 비영리 기관으로서 CTC는 뉴욕과 세계 도시에 교회를 개척하는 것에 집중하고 있다. 교회 개척을 지원하기 위한 CTC의 전략은 리더십 훈련과 도시 선교이다. CTC는 교회 개척자를 복음 운동의 리더로 훈련시키는 것에 우선순위를 두고 있다. CTC가 세울 복음 운동 리더상은 복음 중심적이고, 문화에 민감하며, 도시를 섬기고, 협동적인 사람이다. CTC는 복음 운동 리더를 세우기 위해서 다양한 훈련과 코칭 프로그램을 뉴욕과 세계 도시 가운데 제공하고 있다. 예를 들면 도제 프로그램, 신학교, 집중 훈련, 온라인 훈련 등이 있다. CTC는 세계가 급격하게 도시화하고 있고 도시의 영향력이 증대되고 있는 상황에서 도시 교회 개척에 헌신하고 있다.

에필로그

필자는 Indiana University가 있는 블루밍턴에서 청년 중심, 유학생 중심 교회를 담임하고 있다. 2022년에 다른 지역에 있는 선배 목사님에게서 연락이 왔다. 코비드의 영향으로 주일 예배 드리는 사람들이 많이 줄어들었는데, 필자의 교회는 어떻게 더 성장했냐는 질문이었다. 당시 미주 한인 교회 통계에 따르면, 코로나19 팬데믹의 영향으로 2년 사이에 658개(전체의 20%)의 교회가 문을 닫았다.[5] 이 당시는 10년 전과 비교해서 블루밍턴에 사는 한인 유학생 숫자 자체가 대략 1,000명에서 500명으로 줄어든 상태였다. 또한 여전히 팬데믹의 영향이 있어서, 청년 사역의 필수라고 여겨지는 식사도 제공하지 않고 있었다. 이런 외적 조건에도 불구하고, 어떻게 더 많은 청년이 교회를 찾아와 예배를 드리고 있느냐는 것이 질문의 요지였다.

이 질문에 필자의 대답은 간단했다. "하나님의 은혜입니다. 모여서 예배드렸고, QT 했고, 리더들 성경공부를 통해서 양육했습니다. 그리고 리더가 자신의 소그룹 지체들을 양육하게 했습니다." 원론적인 대답에 선배 목사님들은 실망하신 것 같았다. 그것 말고 뭔가 특별하고 효과적인 전략이 궁금하셨는데, 너무 원론적인 대답이라 당황하신 것 같았다.

하지만 필자는 특별히 다른 것을 하지 않고, 남들 드리는 예배를 드리고, 남들 하는 성경공부하고, 남들 하는 소그룹 하고, 남들 하는 QT 했을 뿐인데 사람들이 모이고 변화되니, 이것을 은혜 말고 어떻게 다르게 표현할 수 있을까. 달리 설명할 수 있는 방법이 없었다.

2018년 1월 리디머장로교회 주일 예배를 네 번 드렸다. 전혀 특별한 예배가 아니었다. 어떤 예배는 한국에서 드리던 전통적인 예배 형식이었고, 또 다른 예배는 찬양 반주를 재즈처럼 하는 정도였다. 전혀 화려하지 않고 담백한 예배였다. 그런데 그 예배 가운데 은혜가 있었다. 마음에 감동이 있었다. 오래전 기억이라 정확하지는 않지만, 네 번의 예배 가운데 세 번의 예배에서 〈In Chrsit Alone〉을 불렀던 것 같다. 리디머에서 이 찬양을 부를 때마다, 펑펑 울었다. 십자가의 사랑과 은혜가 너무 감사해서 울었다. 설교 또한 복음 중심 설교였고, 필자의 마음에는 은혜가 가득 채워졌다.

독자들은 이 책을 읽으며 뭔가 특별한 방법론과 전략을 찾으려고 했을 수도 있다. 그리고 그랬더라면 아마도 실망했을 것이다. 켈러가 한 사역은 어떤 면에서 보면, 특별하지도 획기적이지도 않다. 그럼에도 켈러는 열매 맺는 사역을 했다. 하나님의 은혜가 리디머 위에 머물렀다.

켈러에 의하면 이와 같은 열매 맺는 사역을 위해서는 두 가지가 중요했다. 첫째, 원론, 곧 복음(말씀)의 본질을 붙들어야 한다. 둘째, 그 본질을 구체적 상황과 대상에 맞게 조정해야 한다. 이런 측면에서 켈러는 다음과 같이 말했다.

이것은 스타일이나 프로그램의 문제가 아니다. 몇 년간 컨퍼런스를 하면서 리디머장로교회가 열매 맺는 진짜 비결이 어떤 사역 프로그램을 사용했는가에 있지 않고, 더 깊은 차원에 있다는 사실이 분명해졌다. 컨퍼런스 참여자가 붙잡아야 할 중요한 것은 우리가 리디머장로교회에서 어떤 사역 방법들을 사용했느냐가 아니라 그 방법들에 도달하기 위해서 어떻게 했는가 하는 것이다. 우리는 복음의 본질과 적용 그리고 뉴욕의 문화에 대해서 오랜 기간 숙고했다. … 이 숙고와 [그 뒤에 따르는 토론과] 의사 결정 과정이 … 구체적인 사역 모델보다 열매 맺는 사역을 위해서 훨씬 중요하다.[6]

일반적으로 우리는 빠른 성공적인 모델, 전략, 방법론을 원한다. 그러나 모델, 전략, 방법론 자체는 능력이 없다. 정말 중요한 것은 본질이 모델에 도달하기까지 우리가 하나님 앞에 엎드려 기도하며 연구하는 것이다. 또한 그 과정에서 사역 대상을 사랑하고 이해하기 위해 시간, 에너지, 재정을 쓰며 그들과 동행하는 것이다. 이 과정 가운데 우리는 자신의 상황에 적합한 모델을 다시 만들 수 있게 되고, 하나님의 은혜도 우리와 모델에 머물게 된다. 이 과정이 없다면, 팀 켈러가 만든 모델도 우리에게 무의미하다.

필자는 이 책을 통해서 독자들이 켈러가 복음을 굳게 붙들고, 그 복음을 구체적 사역 현장에 적용하는 것을 보길 원했다. 그 과정 가운데 켈러가 얼마나 많이 기도하고, 연구하고, 수고했는지 느끼길 원했다. 이 책을 통해서, 조금이라도 켈러의 그 마음과 수고가 느껴졌다면 다행이다. 그리고 이제 우리가 그 수고를 해야 할 차례이다. 우리 모두가 하나님의 은혜 가운데 열매 맺는 사역을 하길 기도한다.

미주

1 팀 켈러의 삶 : 복음 중심의 삶

---

1 James Wm. McClendon, Jr., *Biography as Theology: How Life Stories Can Remake Today's Theology* (Philadelphia: Trinity Press, 1990).

2 Timothy J. Keller and J. Allen Thompson, *Church Planter Manual* (New York: Redeemer Presbyterian Church, 2002), 12.

1 Timothy J. Keller, *The Reason for God: Belief in an Age of Skepticism* (New York: Penguin, 2009), xi.

2 Timothy J. Keller, *Generous Justice: How God's Grace Makes Us Just* (New York: Penguin, 2012), xv.

3 Keller, *The Reason for God*, xii.

4 Keller, *Generous Justice*, xvi

5 Keller, *The Reason for God*, xii.

6 Timothy J. Keller, *Encounters with Jesus: Unexpected Answers to Life's Biggest Questions* (New York: Penguin, 2015), ix.

7 "Timothy Keller Author Profile," NewReleaseToday, accessed March 25, 2017, http://www.newreleasetoday.com/authordetail.php?aut_id=91.

8　Keller, *The Reason for God*, xiii.

9　Keller, *Encounters with Jesus*, ix.

10　Timothy J. Keller, *Jesus the King: Understanding the Life and Death of the Son of God* (New York: Penguin, 2013), xx.

11　Timothy J. Keller, "Defining a Gospel Movement," Redeemer City to City, accessed August 28, 2017, http://www.redeemercitytocity.com/blog/defining-a-gospel-movement.

12　Timothy J. Keller, "Defining a Gospel Movement," Redeemer City to City, accessed August 28, 2017, http://www.redeemercitytocity.com/blog/defining-a-gospel-movement.

13　Timothy J. Keller, "The Girl Nobody Wanted," in *Heralds of the King: Christ-Centered Sermons in the Tradition of Edmund P. Clowney*, ed. Dennis E. Johnson (Wheaton, IL: Crossway, 2009), 53-54.

14　"Timothy Keller Author Profile."

15　켈러는 클라우니의 설교가 자신이 기독교를 이해하는 방식을 바꿔 버렸다고 말하며, 자신이 클라우니에게 큰 영향을 받았다는 사실을 인정한다. 그는 또 클라우니의 가르침에 대해서 다음과 같이 말했다. "나는 기독교의 핵심적인 비밀을 발견했다." Timothy J. Keller, *The Prodigal God: Recovering the Heart of the Christian Faith* (New York: Penguin, 2011), xiii.

16　Keller, "The Girl Nobody Wanted," 54-55.

17　Redeemer Presbyterian Church, "Redeemer Guide."

18　Timothy J. Keller, Preaching: *Communicating Faith in an Age of Skepticism*(New York: Viking, 2015), 211.

19　Keller, "The Girl Nobody Wanted," 53-54.

20　Keller, *Generous Justice*, xvii-xviii.

21　Redeemer Presbyterian Church, "Redeemer Guide."

22　Drew Dyck, "Balancing Acts," CT Pastors, accessed August 7, 2017, http://www.christianitytoday.com/pastors/2012/fall/balancing-acts.html.

23　Drew Dyck, "Balancing Acts," CT Pastors, accessed August 7, 2017, http://www.christianitytoday.com/pastors/2012/fall/balancing-acts.html.

24　Timothy J. Keller, "Lord of the City" (sermon, Redeemer Presbyterian Church, New York, January 7, 2001), Logos Bible Software.

25　Keller, *Generous Justice*, xix.

26　Timothy J. Keller, *Resources for Deacons: Love Expressed through Mercy Ministries* (Lawrenceville, GA: Christian Education and Publications of the Presbyterian

팀 켈러는 누구인가?

Church in America, 1985).

27 Timothy J. Keller, *Ministries of Mercy: The Call of the Jericho Road* (Phillipsburg, NJ: P & R, 2015).

28 "Timothy Keller Author Profile."

29 Keller, *Generous Justice*, xix.

30 Timothy J. Keller and Thompson, *Church Planter Manual*, 7. (New York: Redeemer Presbyterian Church, 2002), 7.

31 Redeemer Presbyterian Church, "Redeemer Guide."

32 Redeemer Presbyterian Church, "Redeemer Guide."

33 Michael Luo, "Preaching the Word and Quoting the Voice," The New York Times, February 26, 2006, accessed March 24, 2017, http://www.nytimes.com/2006/02/26/nyregion/preaching-the-word- and-quoting-the-voice.html.

34 Timothy J. Keller and Kathy Keller, *The Meaning of Marriage: Facing the Complexities of Commitment with the Wisdom of God* (New York: Penguin, 2013), 245.

35 Kathy Keller, "Why the City Is a Wonderful Place to Raise Children," The Gospel Coalition, accessed August 31, 2017, https://www.thegospelcoalition.org/article/why-the-city-is-a- wonderful-place-to-raise-children.

36 Annalises Griffin, "The Climate: New York in 1989," NY Daily News, accessed August 31, 2017, http://www.nydailynews.com/services/central-park-five/climate-new- york-1989-article-1.1310861

37 Timothy J. Keller and Kathy Keller, *The Meaning of Marriage: Facing the Complexities of Commitment with the Wisdom of God* (New York: Penguin, 2013), 245.

38 Keller and Keller, *The Meaning of Marriage*, 244

39 Keller and Keller, *The Meaning of Marriage*, 244

40 Keller and Thompson, *Church Planter Manual*, 10.

41 William Gurnall, *The Christian in Complete Armour* (Carlisle, PA: The Banner of Truth, 1964), 12. 이 책은 다음과 같이 한국어로 번역되었다. 윌리암 거널, 『그리스도인의 전신갑주』, 원광연 역 (고양: 크리스천다이제스트, 2019).

42 Keller and Thompson, *Church Planter Manual*, 10.

43 Sarah Eekhoff Zylstra, "The Life and Times of Redeemer Presbyterian Church," The Gospel Coalition, accessed August 25, 2017, https://www.thegospelcoalition.org/article/life-and-times-of- redeemer-presbyterian-church.

44 Keller and Thompson, *Church Planter Manual*, 10.

45 Timothy J. Keller, "An Evangelical Mission in a Secular City," in *Center City Churches: The New Urban Frontier*, ed. Lyle E. Schaller (Nashville: Abingdon, 1993),

32.

46 Keller and Thompson, *Church Planter Manual*, 11–12.

47 Bartholomew, "Reviving Orthodoxy," 61–62.

48 Redeemer Presbyterian Church, "Redeemer History," accessed August 8, 2017, https://www.redeemer.com/learn/about_us/redeemer_history.

49 Keller and Thompson, *Church Planter Manual*, 14.

50 Redeemer Presbyterian Church, "Redeemer History."

51 Keller, "An Evangelical Mission in a Secular City," 35.

52 Keller and Keller, *The Meaning of Marriage*, 145.

53 Keller and Thompson, *Church Planter Manual*, 14.

54 Keller and Thompson, *Church Planter Manual*, 15.

55 Zylstra, "The Life and Times of Redeemer Presbyterian Church."

56 Keller and Thompson, *Church Planter Manual*, 15.

57 Mac Pier, *Consequential Leadership: 15 Leaders Fighting for Our Cities, Our Poor, Our Youth and Our Culture* (Downers Grove IL: InterVarsity, 2012), 31.

58 Keller, "An Evangelical Mission in a Secular City," 38–39.

59 Hope for New York, "About Hope for New York," Hope for New York, accessed August 24, 2017, http://hfny.org/about/.

60 Redeemer Presbyterian Church, "Redeemer Guide."

61 Timothy J. Keller, "Ministries of Mercy" (sermon, Redeemer Presbyterian Church, New York, March 24, 1991), Logos Bible Software.

62 Hope for New York, "About Hope for New York."

63 Keller and Thompson, *Church Planter Manual*, 16.

64 Keller and Thompson, *Church Planter Manual*, 16.

65 Keller and Thompson, *Church Planter Manual*, 17.

66 Keller and Thompson, *Church Planter Manual*, 18.

67 Keller and Thompson, *Church Planter Manual*, 18.

68 Redeemer Presbyterian Church, "Redeemer History."

69 John Starke, "New York's Post–9/11 Church Boom," The Gospel Coalition, accessed August 22, 2017, https://www.thegospelcoalition.org/article/new–yorks–post–911–church–boom.

70 Luo, "Preaching the Word and Quoting the Voice."

71 Starke, "New York's Post–9/11 Church Boom."

72 Travis Allen Freeman, "*Preaching to Provoke a Worldview Change: Tim Keller's Use*

팀 켈러는 누구인가?

of Presuppositional Apologetics in Preaching" (Ph.D. diss., The Southern Baptist Theological Seminary, 2012), 49.

73 Timothy J. Keller, "Truth, Tears, Anger, and Grace" (sermon, Redeemer Presbyterian Church, New York, September 16, 2001), Logos Bible Software.

74 Keller, "Truth, Tears, Anger, and Grace."

75 Luo, "Preaching the Word and Quoting the Voice."

76 Katherine Leary Alsdorf, "Gospel & Culture: November 4–5 in New York," The Gospel Coalition, accessed August 24, 2017, https://www.thegospelcoalition.org/article/gospel-culture-november- 4-5-in-new-york.

77 Timothy J. Keller, *Every Good Endeavor: Connecting Your Work to God's Work* (New York: Penguin, 2014), 16–17.

78 Redeemer Presbyterian Church, "Redeemer Guide."

79 Redeemer Presbyterian Church, "Redeemer History."

80 한국에도 복음연합이 있으나 그 이름을 "복음과 도시"로 변경하였다. 구체적인 정보는 다음을 참고하라. https://www.tgckorea.org/?ckattempt=1

81 Michael Raymond Galdamez, "*Worldview Preaching in the Church: The Preaching Ministries of J. Gresham Machen and Timothy J. Keller*" (Ph.D. diss., The Southern Baptist Theological Seminary, 2012), 36.

82 Wen Reagan, "The Gospel Coalition," in *Encyclopedia of Christianity in the United States*, ed. George Thomas Kurian and Mark A. Lamport (Lanham, MD: Rowman & Littlefield, 2016), 982.

83 D. A. Carson and Timothy J. Keller, "What Is the History and Future of The Gospel Coalition?" The Gospel Coalition, accessed August 25, 2017, http://resources.thegospelcoalition.org/ library/what-is-the-history-and-future-of-the-gospel-coalition.

84 https://www.thegospelcoalition.org/about/

85 https://www.thegospelcoalition.org/about/foundation-documents/

86 Reagan, "The Gospel Coalition," 932.

87 Timothy J. Keller, "Church Planting Is What We Do," Timothy Keller, accessed August 28, 2017, http://www.timothykeller.com/blog/2015/12/3/church-planting-is-what-we-do.

88 Redeemer Presbyterian Church, "Redeemer Guide."

89 Zylstra, "The Life and Times of Redeemer Presbyterian Church."

90 Eleanor Barkhorn, "How Timothy Keller Spreads the Gospel in New York City, and Beyond," The Atlantic, February 21, 2011, accessed September 1, 2017,

https://www.theatlantic.com/ entertainment/archive/2011/02/how−timothy−
keller−spreads−the−gospel−in−new−york−city−and−beyond/71301/.

91 켈러는 이 책에서 C. S. 루이스를 14번 언급하고 자신의 삶과 책이 루이스의 영
향을 크게 받았다고 말한다. Anthony Sacramone, "An Interview with Timothy
Keller," First Things, accessed September 1, 2017, https://www.firstthings.com/
web−exclusives/2008/02/an−interview−with−timothy−kell.

92 "Best Sellers," The New York Times, March 23, 2008, accessed September 1, 2017,
http://query.nytimes.com/gst/fullpage.html?res=990CE3DC133AF930A15750C0
A96E9C8B63.

93 Marvin Olasky, "Books of the Year," World Magazine, accessed September 1, 2017,
https://world.wng.org/2017/03/books_of_the_year_sort_of.

94 Lisa Miller, "The Smart Shepherd," Newsweek, February 9, 2008, accessed May
17, 2017, http://www.newsweek.com/smart−shepherd−93595. 켈러는 '21세기 C.
S. 루이스'라는 호칭을 칭찬으로 받아들이지만, 자신이 루이스와 같은 선상에 있다
고 생각하지는 않는다. Sacramone, "An Interview with Timothy Keller."

95 "Best Sellers," The New York Times, May 8, 2011, accessed September 2, 2017,
https://www.nytimes.com/books/best−sellers/2011/05/08/paperback−nonfiction/.

96 Keller, The Prodigal God, xv.

97 Barkhorn, "How Timothy Keller Spreads the Gospel."

98 Zylstra, "The Life and Times of Redeemer Presbyterian Church."

99 Redeemer Presbyterian Church, "February 26 Announcement," accessed August 28,
2017, https://www.redeemer.com/r/february_26_announcement.

100 Kate Shellnutt, "Tim Keller Stepping Down as Redeemer Senior Pastor,"
ChristianityToday.Com, accessed March 29, 2017, http://www.christianitytoday.
com/gleanings/2017/ february/tim−keller−stepping−down−nyc−redeemer−
senior−pastor.html.

1 Timothy J. Keller, "A Church Where Skeptics Are Welcome," Redeemer Presbyterian
Church, accessed February 17, 2018, https://www.redeemer.com.

2 전도(Evangelism) : 사람과 하나님의 연결

2 Timothy J. Keller, "Contextual and Missional," Christianity Matters, accessed January
13, 2018, https://christianitymatters.files.wordpress.com/2011/03/8−contextual−

and-missional-by-tim-keller.pdf.

3 Timothy J. Keller, *Center Church: Doing Balanced, Gospel-Centered Ministry in Your City* (Grand Rapids: Zondervan, 2012), 281.

4 Timothy J. Keller, *Center Church: Doing Balanced, Gospel-Centered Ministry in Your City* (Grand Rapids: Zondervan, 2012), 281.

5 Keller, *Center Church*, 281.

6 D. A. Carson, "Athens Revisited," in *Telling the Truth*, ed. D. A. Carson (Grand Rapids: Zondervan, 2002).

7 Keller, "Contextual and Missional," 8. 켈러의 변증적 접근 방식이 곧 설명된다.

8 켈러의 상황화에 대한 설명이 곧 나온다.

9 Keller, "Contextual and Missional," 7-8. 여기서 켈러는 포스트모더니즘의 영향을 받은 불신자들에게 "과정 전도"가 적합하다고 말하고 있다. 하지만 그렇다고 켈러가 불신자에게 "지금 즉시 예수님 믿기를 결단하라."라고 요청하는 것의 중요성을 부정하는 것은 아니다. Timothy J. Keller, "Evangelism through Networking," Redeemer Presbyterian Church, accessed January 31, 2018, http://download. redeemer.com/pdf/learn/resources/ Evangelism_through_Networking-Keller.pdf.

10 Keller, "Contextual and Missional," 8. 켈러는 알파 코스가 대규모 전도 집회, 전도 폭발, 사영리 방법론보다 더 바람직하다고 생각한다. 그 이유는 다른 방법론과 다르게 알파 코스는 더 관계 중심적이고 과정 중심이기 때문이다. 다음을 참고하라. Keller, *Center Church*, 317.

11 Keller, *Center Church*, 359. 켈러는 과정 전도의 효과를 강조하며 다음과 같이 말한다. 연구에 따르면, ① 사람이 복음을 듣는 방법이 다양할수록, ② 결신하기 전에 복음을 듣는 횟수가 많을수록 더 복음을 잘 이해하게 되고, 믿음을 떠나 세상으로 갈 확률이 낮아진다. 많은 사람들에게는 '과정'이 필요하다. 이것을 무시하고 단지 믿기를 강요하면 그들은 신앙에 도달할 수 없다. Keller, "Evangelism through Networking."

12 Timothy J. Keller, "Our New Global Culture: Ministry in Urban Centers," Gospel in Life, 15, accessed November 14, 2017, http://www.gospelinlife.com/our-new-global-culture-ministry-in-urban-centers.

13 Keller, "Our New Global Culture," 14-15.

14 Keller, "Tim Keller on an Evangelistic Dynamic."

15 Timothy J. Keller, "Bad Evangelism," Daily Keller, accessed February 7, 2018, http://dailykeller.com/category/evangelism/.

16 Timothy J. Keller, "The Lost Ark" (sermon, Redeemer Presbyterian Church, New York, February 22, 2004), Logos Bible Software.

17 Keller, "Tim Keller on an Evangelistic Dynamic."

18 Keller, "Tim Keller on an Evangelistic Dynamic."

19 Keller, "Tim Keller on an Evangelistic Dynamic."

20 Timothy J. Keller, "A Church with an Evangelistic Dynamic," Redeemer City to City, accessed January 13, 2018, https://learn.redeemercitytocity.com/library/missional-ministry/68122/path/ step/17089409/.

21 Timothy J. Keller, "A Church with an Evangelistic Dynamic." 켈러는 13개의 "전성도 말씀 사역"의 예를 제시한다. 다음을 참고하라. Keller, *Center Church*, 279-80.

22 Keller, *Center Church*, 279-80. 다음의 글에도 전 성도 말씀 사역의 예들이 더 나온다. Keller, "A Church with an Evangelistic Dynamic."

23 Keller, *Center Church*, 280.

24 Keller, "A Church with an Evangelistic Dynamic." 켈러는 그의 책 *Center Church*에서 전도 문화가 한 교회에 있기 위해서, 최소 20~25%의 그리스도인이 평신도 말씀 사역에 참여하고 있어야 한다고 말한다. 다음을 참고하라. Keller, *Center Church*, 280.

25 Keller, *Center Church*, 281.

26 Keller, *Center Church*, 282.

27 Keller, *Center Church*, 284-85.

28 Keller, "A Church with an Evangelistic Dynamic."

29 Keller, *Center Church*, 285-86.

30 Keller, *Center Church*, 287.

31 Timothy J. Keller, "City Lab 3: Tim Keller on Evangelistic Pathways," Redeemer City to City, accessed February 15, 2018, https://www.redeemercitytocity.com/citylab/.

32 Keller, "City Lab 3: Tim Keller on Evangelistic Pathways."

33 Timothy J. Keller, "Deconstructing Defeater Beliefs: Leading the Secular to Christ," The Gospel Coalition, accessed February 9, 2018, http://resources.thegospelcoalition.org/library/ deconstructing-defeater-beliefs-leading-the-secular-to-christ.

34 켈러는 자신의 설교와 강의에서 변증적 접근 방식을 불신자와 신자 모두에게 사용한다. 예를 들어 2001년 켈러는 5주간 "예수님과 논쟁하기"라는 시리즈 설교를 했다. 이 시리즈 설교에 포함되는 설교의 제목은 "사후 세계에 대해 논하기", "도덕성에 대해 논하기", "정치에 대해 논하기" 등이 있다. 또한 2006년에 켈러는 "6주간 "기독교의 난제들: 왜 이렇게 기독교는 믿기 어려운가?"라는 시리즈 설교했다. 이 시리즈 설교에 포함되는 설교 제목은 "배타성:어떻게 오직 단지 하나의 종교만 참이란 말인가?", "고통의 문제: 하나님이 선한 하나님이라면, 왜 하나님은 이렇

게 많은 악을 허락하는가?" 등이 있다. 켈러는 한 편의 설교에 세 혹은 네 개의 대지를 사용하는데, 그 대지들 중에서 한 대지는 변증적 접근 방식을 취한다. 이를 통해 켈러는 불신자가 기독교에 대해서 가지고 있는 질문과 반대 문제를 다룬다. 구체적인 내용은 다음을 참고하라. Timothy J. Keller, "City Lab 1: Evangelistic Worship by Tim Keller," Redeemer City to City, accessed February 13, 2018, https://www.redeemercitytocity.com/citylab/. Timothy J. Keller, "Preaching in a Secular Culture," Gospel in Life, 2, accessed February 9, 2018, https://gospelinlife. com/downloads/preaching-in-a-secular-culture/.

35 Timothy J. Keller, "How the Gospel Changes Our Apologetics, Part 1," Timothy Keller, accessed February 8, 2018, http://www.timothykeller.com/blog/2012/7/10/how-the-gospel-changes-our- apologetics-part-1.

36 Timothy J. Keller, "How the Gospel Changes Our Apologetics, Part 2," Timothy Keller, accessed February 8, 2018, http://www.timothykeller.com/blog/2012/7/24/how-the-gospel-changes-our- apologetics-part-2.

37 Timothy J. Keller, *The Reason for God: Belief in an Age of Skepticism* (New York: Penguin, 2009), xviii.

38 Keller, "How the Gospel Changes Our Apologetics, Part 2." 켈러는 회의주의자에게 다가가는 자신의 일곱 가지 변증 접근 방식의 예를 다음에서 설명한다. Keller, *The Reason for God*. 또한 켈러는 기독교의 타당성을 공격하는 데 자주 사용되는 6개의 논리가 무엇인지 지적하고, 어떻게 이 논리를 극복할 수 있는지 설명한다. Keller, "Deconstructing Defeater Beliefs."

39 Keller, *The Reason for God*, xviii.

40 Keller, *The Reason for God*, xix.

41 다음 세 학자가 켈러의 변증 설교를 분석 평가했다. 다음을 참고하라. Hughes Oliphant Old, *The Reading and Preaching of the Scriptures in the Worship of the Christian Church: Our Own Time* (Grand Rapids: Eerdmans, 2010), 7:153-58. Travis Allen Freeman, "Preaching to Provoke a Worldview Change: Tim Keller's Use of Presuppositional Apologetics in Preaching" (Ph.D. diss., The Southern Baptist Theological Seminary, 2012). 박용기, 「팀 켈러의 변증 설교」 (서울: 기독교문서선교회, 2019).

42 Keller, "Deconstructing Defeater Beliefs."

43 Keller, *Center Church*, 93.

44 D. A. Carson, "Maintaining Scientific and Christian Truths in a Postmodern World," *Science & Christian Belief* 14, no. 2 (October 2002): 118.

45 Keller, *Center Church*, 93-94.

46 Timothy J. Keller, "Differently the Same: Redeemer's Next Twenty-Five Years,"

Redeemer Presbyterian Church, accessed January 9, 2018, https://www.redeemer.com/redeemer-report/article/differently_the_same_redeemers_next_twenty_five_years.

47 Timothy J. Keller, "Advancing the Gospel in the Twenty-First Century," Gospel in Life, 7, accessed March 30, 2018, https://gospelinlife.com/downloads/advancing-the-gospel-in-the-21st-century/.

48 Keller, "Contextual and Missional," 10.

49 Keller, "Differently the Same."

50 Keller, "Contextual and Missional," 15.

51 Keller, *Center Church*, 123-24.

52 Keller, "Contextual and Missional," 15.

53 Keller, "Contextual and Missional," 15.

54 Keller, *Center Church*, 130.

55 Keller, *Center Church*, 130-31.

56 Keller, "Contextual and Missional," 17.

57 Keller, *Center Church*, 120.

58 Keller, "Contextual and Missional," 17.

59 *Center Church*, 124.

60 *Center Church*, 124.

61 Keller, "Contextual and Missional," 17.

62 켈러는 우상 숭배가 죄의 본질이라고 생각한다. 그래서 그는 다음과 같이 말한다. "우상 숭배는 모든 죄의 뿌리이다." Timothy J. Keller, "Preaching the Gospel to the Heart," Squarespace, 11, accessed November 1, 2017, https://static1.squarespace.com/static/5315f2e5e4b04a00bc148f24/t/55e0c99ee4b0f4b11e1cf5c0/14407950 38107/Preaching+the+Gospel+to+the+Heart.pdf.

63 Keller, *Center Church*, 127.

64 Keller, "Contextual and Missional," 17.

65 Keller, "Deconstructing Defeater Beliefs."

66 Keller, *Center Church*, 130.

67 Keller, "Our New Global Culture," 19.

68 Keller, *Center Church*, 302.

69 Keller, "City Lab 1."

70 Timothy J. Keller, "A Model for Preaching: Part 1," *Journal of Biblical Counseling* 13, no. 1 (1994): 37.

71 Concerning Keller critics regarding both approaches to worship, see Timothy J. Keller, "Evangelistic Worship," Redeemer City to City, 1–5, accessed January 10, 2018.

72 Keller, "City Lab 1." 켈러는 전도적 예배 개념을 그의 멘토 클라우니(Edmund Clowney)에게 배웠다. 클라우니는 "영광 전도(doxological evangelism)"를 주창했는데, 이는 복음 메시지가 소통 이전에 찬양이라는 사실을 함축한다(the gospel message is celebration before it is communication). 클라우니는 어둠 속에 있던 신자를 빛으로 불러 주신 하나님을 예배 가운데 찬양하는 것이 불신자를 향한 전도라고 주장한다. 왜냐하면 예배 가운데 불신자는 신자의 찬양을 통해 하나님께서 죄인을 위해 무엇을 하셨는지 알게 되기 때문이다. "영광 전도"에 대한 구체적인 내용은 다음을 참고하라. Edmund P. Clowney, "Kingdom Evangelism," in *The Pastor-Evangelist: Preacher, Model, and Mobilizer for Church Growth*, ed. Roger S. Greenway (Phillipsburg, NJ: Presbyterian and Reformed, 1987), 23–24.

73 Keller, "Evangelistic Worship," 5.

74 회심의 시간에 대해서 켈러는 고린도전서 14장과 사도행전 2장의 차이점을 설명한다. 고린도전서 14장에서 회심은 예배 중에 발생했지만, 사도행전 2장에서 불신자의 회심은 모임 후에 있었던 베드로의 전도를 통해서 나타났다. 다음을 참고하라. Keller, *Center Church*, 302–3.

75 Keller, *Center Church*, 303.

76 Keller, "Evangelistic Worship," 6–7.

77 켈러에 의하면, '안전한'이라는 단어는 교회가 범하는 두 가지 흔한 위험을 제거하는 것을 의미한다. 첫째, 불신자를 혼란스럽게 하는 것으로(confusing), 불신자가 신학적 그리고 교회적 배경이 있을 것이라 추정하는 것이다. 둘째, 불신자를 공격하게 하는 것으로(offending), 불신자가 겪지 않아도 되는 장애물을 주는 것이다. Keller, "A Church with an Evangelistic Dynamic."

78 Keller, *Center Church*, 304.

79 Keller, "Evangelistic Worship"; Keller, "City Lab 1."

80 Keller, "Evangelistic Worship."

81 Redeemer Presbyterian Church Downtown Side, "Weekly Bulletin" (Redeemer Presbyterian Church Downtown Side, New York, January 21, 2018).

82 Keller, "Evangelistic Worship."

83 Keller, *Center Church*, 306.

84 Keller, "Evangelistic Worship," 9–10. 필자는 2018년 1월 리디머에서 네 번 주일 예배를 드렸다. 모든 예배는 복음에 반응할 시간을 예배 중과 후에 참여자에게 주었다. 예배 중이라 하면, 설교 후 결단의 시간과 성찬식을 의미하고, 예배 후는 예배 후 다과를 나누며 이야기할 시간을 주는 것을 의미한다.

85 켈러는 '전도적 설교', '그리스도 중심 설교', '복음 중심 설교'를 같은 의미로 교차 사용한다.

86 Keller, "Preaching in a Secular Culture," 1. 켈러는 전도적 예배 가운데 전도적 설교의 중요성에 대해서 설명하고 있다. 다음을 참고하라. Keller, "Evangelistic Worship," 8–9.

87 Timothy J. Keller, "City Lab 5: Evangelistic Preaching," Redeemer City to City, accessed February 14, 2018, https://www.redeemercitytocity.com/citylab/. In Preaching, Keller describes ways to develop "Christ–centered exposition." Timothy J. Keller, *Preaching: Communicating Faith in an Age of Skepticism* (New York: Viking, 2015), 70–90.

88 Keller, "Our New Global Culture," 10.

89 Keller, "Preaching in a Secular Culture," 4–6. 팀 켈러 연구가 고상섭은 그리스도 중심적 설교에 대해서 도움이 되는 두 개의 글을 썼다. 아래의 두 글에서 첫 번째 글은 팀 켈러가 2006년 고든콘웰 신학대학원에서 강의한 Unintentional Preaching Models을 설명하고 있다. 이 모델을 잘 연구하면, 켈러가 말한 그리스도 중심 설교가 무엇인지 이해하는 데 큰 도움이 된다. https://www.tgckorea.org/articles/1013?sca=%EB%AA%A9%ED%9A%8C 또한 https://www.tgckorea.org/articles/1328?sca=%EB%AA%A9%ED%9A%8C.

90 Keller, "City Lab 5."

91 Timothy J. Keller, "Anatomy of Sin—Part 2" (sermon, Redeemer Presbyterian Church, New York, January 29, 1992), Logos Bible Software. 필자의 책 「팀 켈러의 복음이해와 교회의 사명」의 세 번째 장에서 이 주제를 이미 다뤘다. 켈러는 복음이 어떻게 개인을 변화시키는지 인종차별, 인색함, 결혼을 예로 설명한다. 필자의 위 책 123–133 페이지를 살펴보라.

92 Keller, "Our New Global Culture," 12.

93 켈러는 위에 제시한 전도적 설교의 두 가지 방법 외에, 구체적인 방법 네 가지를 더 제시한다. "③ 불신자가 가지고 있는 전제를 사용해서 그들의 모순을 이끌어 내라, ④ 기독교 신앙을 믿는 것이 얼마나 어려운지 표현하라, ⑤ 설교 가운데 불신자를 언급하라, ⑥ 개인이 가지고 있는 깊은 열망과 소망을 설교에 연결시키라." 켈러에 의하면 첫째와 둘째 방법은 전도적 설교를 이해하는 데 가장 핵심적인 내용이다. 셋째와 여섯째는 상황화와 연관된 주제이고, 이 주제에 관하여 더 알고 싶다면 다음 글을 참고하라. "Two Aspects of Sharing the Gospel." 넷째와 다섯째 방법은 더 이상 설명이 필요하지 않을 만큼 분명한 내용이다. Keller, "City Lab 5."

3 공동체 형성(Community Formation) : 사람과 사람의 연결

1 Keller, *Center Church*, 311.

2 Redeemer City to City, "Overview and Learning Objectives for Connecting People to One Another," Redeemer City to City, accessed February 19, 2018, https://learn.redeemercitytocity.com/library/ missional-ministry/68122/path/step/13029387/.

3 Keller, "Five Ministry Fronts in the City."

4 Timothy J. Keller, "Spiritual Friendship" (sermon, Redeemer Presbyterian Church, New York, March 1, 1998), Logos Bible Software.

5 Timothy J. Keller, "The Community of Jesus" (sermon, Redeemer Presbyterian Church, New York, January 19, 2003), Logos Bible Software.

6 Keller, *Center Church*, 319.

7 Timothy J. Keller, "The Difficulty of Community," Timothy Keller, accessed February 20, 2018, http://www.timothykeller.com/blog/2008/10/1/the-difficulty-of-community.

8 Keller, *Center Church*, 318-19.

9 Keller, "The Community of Jesus." 켈러는 우리가 살고 있는 세상에서 대안 공동체로서 기독교 공동체를 세우는 것이 어렵다고 말한다. 그에 의하면, 이와 같은 어려움을 겪는 이유 중 한 가지가 현대 소통 방식이 온라인 기반이기 때문이다. 구체적인 내용은 다음을 참고하라. Keller, "The Difficulty of Community."

10 Timothy J. Keller, "Community Building Practices," A Mind Awake, accessed February 20, 2018, https://cbgiammona.files.wordpress.com/2008/02/mcm_2003-09.pdf.

11 Timothy J. Keller, "Life Together in Gospel Community," Redeemer Presbyterian Church, accessed February 20, 2018, http://download.redeemer.com/grace_and_race/Embracing_the_Outsider.pdf.

12 Keller, *Center Church*, 318.

13 Keller, *Center Church*, 319.

14 Redeemer Presbyterian Church Lincoln Square, "Introduction to Redeemer Lincoln Square: Membership Handbook 2017-2018" (unpublished paper, Redeemer Presbyterian Church, New York, February 2018), 4. 켈러는 복음이 사람들 사이에 있는 장벽을 어떻게 무너뜨리는지에 대해 에베소서를 통해서 설명한다. 다음을 참고하라. Keller, "Life Together in Gospel Community."

15 James Song, e-mail message to author, January 20, 2018.

16 Redeemer Presbyterian Church Lincoln Square, "Introduction," 23.

17 Redeemer Presbyterian Church, "Participant's Guide" (unpublished paper for community group, Redeemer Presbyterian Church, New York, January 28, 2018).

18 Redeemer Presbyterian Church, "Introduction to Community Groups at Redeemer," Redeemer City to City, 1–2, accessed February 17, 2018, https://learn.redeemercitytocity.com/library/ missional-ministry/68122/path/step/13655138/. 모든 리디머 소그룹의 목적 중 하나는 전도다. 그럼에도 리디머는 전도에 더욱 특화된 소그룹을 따로 만든다. 이 소그룹의 이름은 "기독교에 질문하는 소그룹(Questioning Christianity)"으로, 기독교 신앙 고백을 하지 않은 사람들이 모여서, 기독교 신앙에 대해서 질문하고 함께 답을 찾아가는 방식이다. 구체적인 내용은 다음을 참고하라. Redeemer Presbyterian Church East Side, "Community Groups," Redeemer Presbyterian Church, accessed February 23, 2018, https://eastside.redeemer.com/connect/community_groups.

19 Redeemer Presbyterian Church, "Introduction to Community Groups at Redeemer," 1.

20 Redeemer Presbyterian Church Lincoln Square, "Introduction"; Redeemer Presbyterian Church, "Redeemer Vision and Values."

21 James Song, e-mail message to author; Redeemer Presbyterian Church East Side, "East Side Neighborhoods," Redeemer Presbyterian Church, accessed February 23, 2018, http://www.eastsideneighborhoods.com/about/.

22 Redeemer Presbyterian Church, "Introduction to Community Groups at Redeemer," 10.

23 Redeemer Presbyterian Church, "Redeemer Vision and Values."

24 Redeemer Presbyterian Church, "Fellowship Group Handbook," Gospel in Life, 34, accessed January 17, 2018, https://gospelinlife.com/downloads/fellowship-group-handbook-pdf-format/.

25 Redeemer Presbyterian Church, "Introduction to Community Groups at Redeemer," 10.

26 Redeemer Presbyterian Church, "Introduction to Community Groups at Redeemer," 11. 리디머는 소그룹 리더를 위한 지침을 "Fellowship Group Handbook"이란 소 책자로 리더에게 제공한다. 이 소책자는 리더 매뉴얼로, 리더가 소그룹의 비전과 구조를 이해하고, 리더로서 역할을 감당하는 것을 목적으로 만들어졌다. 구체적인 내용은 다음을 참고하라. Redeemer Presbyterian Church, "Fellowship Group Handbook." 리더머에는 "Leader-Coach Handbook"이 있는데 이것은 리더 코치가 잠재적 리더를 도울 수 있도록 만들어졌다. 이 책자는 소그룹 리더할 때 자주 발생하는 문제와 질문을 다룬다. 예를 들면 다음과 같다. "다양한 배경을 가진 사람이 모인 나의 소그룹이 어떻게 정말 공동체가 될 수 있고, 나는

팀 켈러는 누구인가?

이 그룹을 잘 인도할 수 있을까요?", "하나님은 구원받을 사람과 못 받는 사람을 이미 결정하셨나요?" 다음을 참고하라. Redeemer Presbyterian Church, "Leader-Coach Handbook"(unpublished book, Redeemer Presbyterian Church, New York, 2017).

27 리디머에서 대그룹 리더는 3–5명의 소그룹 리더를 돌본다. 목회자는 10명의 대그룹 리더를 양육하고 훈련한다. Redeemer Presbyterian Church, "Introduction to Community Groups at Redeemer," 10–11. 리디머에서 행하는 리더와 소그룹의 증식에 대해서는 다음을 참고하라. "Fellowship Group Handbook," 31–35.

28 Aaron Bjerke and Carter Hinckley, "Intro to Redeemer East Side" (unpublished paper for membership class, Redeemer Presbyterian Church, New York, January 20, 2018). 한국어 번역은 Presbyterian Church in America 예배 교본 57–5를 따랐다. https://www.pcaac.org/wp-content/uploads/2019/10/KBCO-ALL-2019.pdf

29 Bjerke and Hinckley, "Intro to Redeemer East Side." 한국어 번역은 PCA 예배 교본 57–5를 따랐다. https://www.pcaac.org/wp-content/uploads/2019/10/KBCO-ALL-2019.pdf

30 Redeemer Presbyterian Church East Side, "East Side Classes," Redeemer Presbyterian Church, accessed February 24, 2018. https://eastside.redeemer.com/learn/east_side_classes.

31 Redeemer Presbyterian Church, "Formation Conference: Gospel Identity," Redeemer Presbyterian Church, accessed February 24, 2018. https://www.redeemer.com/r/formation/ formation_conference/gospel_identity_conference.

32 Redeemer Presbyterian Church, "Formation Conference: Public Faith," Redeemer Presbyterian Church, accessed February 24, 2018. https://www.redeemer.com/r/formation/ formation_conference.

33 Redeemer Presbyterian Church, "Fellowship Group Handbook," 96.

34 Redeemer Presbyterian Church East Side, "Serve the Neighborhood," Redeemer Presbyterian Church, accessed February 26, 2018. https://eastside.redeemer.com/serve/ serve_the_neighborhood.

35 Redeemer Presbyterian Church East Side, "Serve the Church," Redeemer Presbyterian Church, accessed February 26, 2018. https://eastside.redeemer.com/serve/serve_on_sundays.

4 자비와 정의(Mercy and Justice) : 사람과 지역 사회의 연결

1 Timothy J. Keller, "The Both/And of the Gospel," Qideas, accessed March 10, 2018, http://qideas.org/videos/the-both-and-of-the-gospel-1.

2 Keller, "Our New Global Culture," 15.

3 Redeemer Presbyterian Church, "Redeemer Vision and Values."

4 Timothy J. Keller, "The Gospel and the Poor," *Themelios* 33, no. 3 (December 2008): 20.

5 필자의 책 『팀 켈러의 복음 이해와 교회의 사명』 156-160 페이지를 참고하라.

6 Keller, *Center Church*, 325-26.

7 Timothy J. Keller, *Gospel in Life: Grace Changes Everything* (Grand Rapids: Zondervan, 2010), 114.

8 Keller, "The Gospel and the Poor," 20.

9 스티브 코벳(Steve Corbett)과 브라이언 피커트(Brian Fikkert)는 가난한 사람을 위한 구제 중심의 사역이 가난한 사람의 의존성만을 키워서, 오히려 그들에게 해롭다고 주장한다. 코벳과 피커트는 "북미 교회가 저지르는 가장 큰 실수 중 하나는 개발이 필요한 상황에서 구제를 적용하는 것"이라고 주장했다. Steve Corbett and Brian Fikkert, *When Helping Hurts: How to Alleviate Poverty without Hurting the Poor and Yourself* (Chicago: Moody, 2012), 101.

10 Keller, "The Gospel and the Poor," 21.

11 Keller, "The Gospel and the Poor," 21.

12 Timothy J. Keller, *Generous Justice: How God's Grace Makes Us Just* (New York: Penguin, 2012), 146.

13 Keller, *Center Church*, 326.

14 Redeemer Presbyterian Church, "2016 Annual Report: Redeemer Churches and Ministries," Redeemer Presbyterian Church, 18, accessed April 20, 2018, http://download.redeemer.com/pdf/AR2016.pdf.

15 Jenny Chang, "The Redeemer Diaconate: 1991-2014," Redeemer Presbyterian Church, accessed April 20, 2018, https://www.redeemer.com/learn/about_us/25th_anniversary.

16 Redeemer Presbyterian Church, "Diaconate," Redeemer Presbyterian Church, accessed February 27, 2018, https://www.redeemer.com/r/diaconate.

17 Redeemer Presbyterian Church, "Getting Diaconate Care," Redeemer Presbyterian Church, accessed April 20, 2018, https://www.redeemer.com/r/diaconate/getting_

diaconate_care.

18 A Client of Diaconate, "Diaconate Testimonies," Redeemer Presbyterian Church, accessed April 20, 2018. https://www.redeemer.com/r/diaconate/testimonies.

19 Redeemer Presbyterian Church, "Getting Diaconate Care."

20 Chang, "The Redeemer Diaconate: 1991–2014."

21 Redeemer Presbyterian Church, "2015 Annual Report: Redeemer Churches and Ministries," Redeemer Presbyterian Church, 20, accessed April 21, 2018, http://download.redeemer.com/pdf/AR2015.pdf.

22 Redeemer Presbyterian Church, "Diaconate."

23 리디머 성도가 집사가 되기 위해서는 추천, 심사, 훈련 등 몇 단계의 과정을 이수해야 한다. 구체적 내용은 다음을 살펴보라. Redeemer Presbyterian Church, "Nominations – Redeemer Churches and Ministries," Redeemer Presbyterian Church, accessed April 21, 2018, https://www.redeemer.com/r/nominations.

24 Redeemer Presbyterian Church, "Testimonies," Redeemer Presbyterian Church, accessed February 27, 2018, https://www.redeemer.com/r/diaconate/testimonies.

25 Chang, "The Redeemer Diaconate: 1991–2014."

26 Redeemer Presbyterian Church, "Diaconate Brochure."

27 Redeemer Presbyterian Church, "Diaconate Brochure."

28 Redeemer Counseling, "Redeemer Counseling," Redeemer Counseling Services, accessed April 21, 2018, https://counseling.redeemer.com/.

29 Redeemer Presbyterian Church, "Testimonies."

30 Redeemer Presbyterian Church, "Diaconate Brochure."

31 Redeemer Presbyterian Church, "Diaconate."

32 Redeemer Presbyterian Church, "Job Search Ministry – Redeemer Churches and Ministries," Redeemer Presbyterian Church, accessed April 21, 2018, https://www.redeemer.com/r/ career_center/job_search_ministry.

33 Redeemer Presbyterian Church, "2016 Annual Report," 19.

34 Redeemer Presbyterian Church, "Care Groups: Redeemer Churches and Ministries," Redeemer Presbyterian Church, accessed April 23, 2018, https://www.redeemer.com/r/diaconate/care_groups_and_seminars.

35 Redeemer Presbyterian Church, "2016 Annual Report," 15.

36 Redeemer Presbyterian Church, "Diaconate."

37 Sarah Eekhoff Zylstra, "The Life and Times of Redeemer Presbyterian Church," The Gospel Coalition, accessed August 25, 2017, https://www.thegospelcoalition.org/article/life-and-times-of- redeemer-presbyterian-church.

38 Redeemer Presbyterian Church, "2016 Annual Report," 20.

39 Hope for New York, "FY 2017 Annual Report" (unpublished paper for Hope For New York, Redeemer Presbyterian Church, New York, 2017).

40 Hope For New York, "About Hope For New York," Hope For New York, accessed August 24, 2017, http://hfny.org/about/

41 Hope For New York, "FY 2017 Annual Report."

42 Hope For New York, "FY 2017 Annual Report."

43 Hope For New York, "FY 2017 Annual Report."

44 Hope For New York, "Strengthening Our Affiliates," Hope For New York, accessed April 26, 2018, http://hfny.org/pages/how/.

45 Hope For New York, "About Hope For New York."

46 Hope For New York, "FY 2017 Annual Report."

47 Hope For New York, "Strengthening Our Affiliates."

48 Hope For New York, "FY 2017 Annual Report."

49 Hope For New York, "Hope for New York: Operation Exodus," Hope For New York, accessed April 27, 2018, http://hfny.org/affiliates/operation−exodus.

50 Elise Chong, "Equipping Our Church to Do Justice and Love Mercy," Redeemer Presbyterian Church, accessed April 23, 2018, https://www.redeemer.com/learn/about_us/25th_anniversary.

51 Hope For New York, "Hope for New York: Operation Exodus."

5 문화 갱신(Cultural Renewal) : 사람과 세상의 연결

1 켈러가 "기독교인이 문화를 형성(shaping)하거나 변화시키는(transforming) 데 참여해야 하는가?"라는 질문을 받는다면, 그는 기독교인이 문화 속에 사는 한, 문화 참여(cultral engagement)는 피할 수 없는 현실이라고 대답한다. 다만 켈러는 "문화 변혁(transforming)"이나 "문화 형성(shaping)" 대신에 "문화 갱신(renewal)"이라는 용어를 사용하는 것을 선호한다. Keller, *Center Church*, 335.

2 Keller, "Five Ministry Fronts in the City," 2.

3 Redeemer Presbyterian Church, "Redeemer Vision and Values." 필자의 책 『팀 켈러의 복음 이해와 교회의 사명』 143–150페이지에 복음의 역동성이 어떻게 문화 갱신(cultural renewal)을 일으키는지 설명하고 있다.

4 Keller, *Center Church*, 334.

5 Center for Faith & Work, "What/Why," Center for Faith & Work, accessed April 27, 2018, http://faithandwork.com/about/1-what-why.

6 Redeemer Presbyterian Church, "Redeemer Guide," Redeemer Presbyterian Church, accessed July 8, 2017, http://download.redeemer.com/pdf/welcome_book.pdf.

7 Center for Faith & Work, "What/Why," Center for Faith & Work, accessed April 27, 2018, http://faithandwork.com/about/1-what-why.

8 Redeemer Presbyterian Church, "Redeemer Guide."

9 Timothy J. Keller, *Every Good Endeavor: Connecting Your Work to God's Work* (New York: Penguin, 2014), 250.

10 Redeemer Presbyterian Church, "2015 Annual Report."

11 Redeemer Presbyterian Church, "2016 Annual Report."

12 Redeemer Presbyterian Church, "Redeemer Guide"; Center for Faith & Work, "Center for Faith & Work," Center for Faith & Work, accessed April 27, 2018, http://faithandwork.com/.

13 Center for Faith & Work, "Year-End Report 2016-2017" (unpublished brochure, Redeemer Presbyterian Church, New York, 2017), 1.

14 Center for Faith & Work, "Gotham Fellowship," Center for Faith & Work, accessed April 27, 2018, http://faithandwork.com/programs/1-gotham-fellowship.

15 David Kim, "A Pastor's Perspective on the Gotham Fellowship," Redeemer Presbyterian Church, accessed May 1, 2018, https://www.redeemer.comredeemer-report/article/a_pastors_perspective_on_the_gotham_fellowship.

16 City to City Australia, "The Gotham Fellowship: Course Outline," City to City Australia, accessed May 1, 2018, https://static1.squarespace.com/static/53b1f405e4b02828a861911e/t/551b37b0e4b0f86de554de99/1427847088006/The+Gotham+Fellowship+-+Detailed+Course+Outline+2016.pdf.

17 Keller, Every Good Endeavor, 251. Gotham 프로그램은 신학 훈련 외에 영성 훈련과 공동체 형성을 위해서도 노력하고 있다. 다음을 참고하라. Center for Faith & Work, "Gotham Fellowship."

18 Center for Faith & Work, "Ministry Training," Center for Faith & Work, accessed April 27, 2018, http://faithandwork.com/programs/11-ministry-training.

19 Center for Faith & Work, "Faith & Work Courses," Center for Faith & Work, accessed April 27, 2018, http://faithandwork.com/programs/2-faith-work-courses.

20 Center for Faith & Work, "Year-End Report 2016-2017," 5.

21 Center for Faith & Work, "Past Conferences," Center for Faith & Work, accessed May 3, 2018, http://faithandwork.com/events/past-conferences.

22 Center for Faith & Work, "Year-End Report 2016-2017," 10.

23 Center for Faith & Work, "Conference," Center for Faith & Work, accessed May 3, 2018, http://faithandwork.com/events/123-faith-work-conference.

24 Redeemer Presbyterian Church, "2016 Annual Report."

25 Redeemer Presbyterian Church, "Redeemer Guide."

26 Center for Faith & Work, "Artist-in-Residence," Center for Faith & Work, accessed April 27, 2018, http://faithandwork.com/programs/6-artist-in-residence.

27 Keller, *Every Good Endeavor*, 252.

28 Center for Faith & Work, "Year-End Report 2016-2017," 23.

29 Center for Faith & Work, "Past Artists-In-Residence," Center for Faith & Work, accessed May 3, 2018, http://faithandwork.com/programs/6-artist-in-residence/16-past-artists-in-residence.

30 Redeemer Presbyterian Church, "Redeemer Guide"; Center for Faith & Work, "Entrepreneurship & Innovation," Center for Faith & Work, accessed May 3, 2018, http://faithandwork.com/programs/7-entrepreneurship-innovation.

31 Center for Faith & Work, "Faith & Entrepreneurship Course," Center for Faith & Work, accessed May 3, 2018, http://faithandwork.com/programs/7-entrepreneurship-innovation/20-faith- entrepreneurship-course.

32 Center for Faith & Work, "Entrepreneurship Intensive," Center for Faith & Work, accessed May 3, 2018, http://faithandwork.com/programs/7-entrepreneurship-innovation/22-entrepreneurship- intensive.

33 Center for Faith & Work, "Startup Pitch Night," Center for Faith & Work, accessed May 3, 2018, http://faithandwork.com/programs/7-entrepreneurship-innovation/31-startup-pitch-night.

34 Keller, *Every Good Endeavor*, 251.

6 복음 운동(a gospel movement) : 복음 중심 교회 개척

1 Keller, "Five Ministry Fronts in the City"; Redeemer Presbyterian Church, "Redeemer Vision and Values."

2 Redeemer Presbyterian Church, "Redeemer Vision and Values."

3 Timothy J. Keller, "Defining a Gospel Movement," Redeemer City to City, accessed August 28, 2017, http://www.redeemercitytocity.com/blog/defining-a-gospel-movement.

4 복음, 율법주의, 율법폐기주의를 구분하기 위해 다음을 참고하라. 안성용, 『팀 켈러의 복음 이해와 교회의 사명』, 107-122.

5 Keller, "Defining a Gospel Movement."

6 Keller, "Defining a Gospel Movement."

7 Keller, "Defining a Gospel Movement."

8 Keller, "Defining a Gospel Movement." 켈러는 부흥을 일반적인 은혜의 수단 가운데 성령님의 비범한 일하심으로 정의한다. "나는 부흥을 일반적인 은혜의 수단을 통하여(설교, 기도, 성례), 성령님의 일하심이 특별하고 강력하게 나타나는 것으로 이해한다." 이와 같은 켈러의 부흥과 복음 운동의 정의는 그가 이 둘을 하나님의 일하심의 결과로 보고 있다는 사실을 보여 준다. See Keller, *Center Church*, 54-61.

9 Keller, *Center Church*, 371-74.

10 Keller, "Defining a Gospel Movement."

11 Timothy J. Keller, "Why Plant Churches?" Redeemer City to City, 1, accessed May 4, 2018, https://static1.squarespace.com/static/5315f2e5e4b04a00bc148f24/t/59518ca22cba5eba4502d0ae/1498516642787/Why+Plant+Churches.pdf.

12 Redeemer Presbyterian Church, "Redeemer Vision and Values."

13 Redeemer Presbyterian Church, "Redeemer Guide."

14 Redeemer City to City, "Redeemer City to City - Home," Redeemer City to City, accessed May 5, 2018, https://www.redeemercitytocity.com/.

15 Redeemer City to City, "Fellows Program" (unpublished brochure, Redeemer City to City, New York, 2017).

16 Redeemer City to City, "A Gospel Movement That Will Take All of Us" (unpublished brochure, Redeemer City to City, New York, 2017).

17 Timothy J. Keller, "How a Gospel Movement Works," Redeemer City to City, accessed December 6, 2017, http://www.redeemercitytocity.com/blog/2017/11/14/how-a-gospel-movement-works.

18 Redeemer City to City, "A Gospel Movement That Will Take All of Us."

19 Redeemer City to City, "A Gospel Movement That Will Take All of Us."

20 Redeemer City to City, "A Gospel Movement That Will Take All of Us."

21 Redeemer City to City, "A Gospel Movement That Will Take All of Us."

22 Redeemer Presbyterian Church, "Redeemer Guide." CTC는 훈련에 유용한 다량
    의 온라인 수업, 기사, 책, 영상을 제공한다. 다음을 참고하라. Redeemer City to
    City, "Resources," Redeemer City to City, accessed May 5, 2018, https://www.
    redeemercitytocity.com/resources/. Gospel in Life 또한 유용한 자료를 제공한다.
    다음을 참고하라. Redeemer Presbyterian Church, "Gospel in Life." Gospel in Life,
    accessed May 6, 2018, https://gospelinlife.com/.

23 Redeemer Presbyterian Church, "Redeemer Guide."

24 Keller, *Center Church*, 88.

25 Redeemer Presbyterian Church and Redeemer City to City, "The New York
    Project: Why New York?" The New York Project, accessed May 5, 2018, http://
    newyorkproject.com/why-new-york/. 뉴욕 프로젝트는 리디머와 CTC가 함께 진
    행하는 프로젝트이다.

26 Timothy J. Keller, "What Is Redeemer City to City?" Vimeo, accessed May
    5, 2018, https://vimeo.com/8770037. 켈러는 성경을 근거해서 도시의 중
    요성을 설명한다. 다음을 참고하라. Timothy J. Keller, "Why God Made
    Cities," Squarespace, accessed May 5, 2018, http://static1.squarespace.com/
    static/5315f2e5e4b04a00bc148f24/t/53556fb2e4b0b8b008774203/13981080 82122/
    Why_God_Made_Cities_by_Tim_Keller.1.pdf. 스테핀 엄과 저스틴 버자드는 도시
    의 중요성을 도시가 이 세상에서 힘, 문화, 성공의 중심에 놓여 있다는 것을 통해
    서 설명한다. 두 사람의 책을 참고하라. 도시 선교적 관점에서 도시가 가지는 중요
    성과 전략을 잘 설명했다. Stephen T. Um and Justin Buzzard, *Why Cities Matter:
    To God, the Culture, and the Church* (Wheaton, IL: Crossway, 2013).

27 Keller, "Why God Made Cities," 9.

28 Redeemer Presbyterian Church, "Redeemer Vision and Values."

29 Keller, "Why God Made Cities," 9.

30 Redeemer City to City, "A Gospel Movement That Will Take All of Us."

31 Redeemer City to City, "2017 Annual Report," 4.

나가며 - 에필로그

1 Redeemer Presbyterian Church, "Redeemer Vision and Values," Redeemer Presbyterian Church, accessed May 10, 2017, https://www.redeemer.com/learn/vision_and_values/.

2 Keller, *Center Church*, 291.

3 Keller, *Center Church*, 292.

4 Keller, *The Reason for God*, xiii.

5 재미한인기독교선교단, "미주 한인 교회 총 2천 798개, 2년 새 658개 감소," accessed March 20, 2023, https://www.kcmusa.org/bbs/board.php?bo_table=mn09_5&wr_id=44

6 Keller, *Center Church*, 15-16.

Timothy
Keller